不況を乗り切るマーケティング図鑑

酒井光雄
マーケティングコンサルタント

成功企業16社でわかるサバイバル・マニュアル

プレジデント社

イントロダクション

私たちは、コロナ不況にどう対処すべきか

新型コロナウイルス（COVID-19）の感染拡大で、景気の落ち込みが深刻になっています。〝コロナ不況〟どころか、1930年代の世界恐慌の再来（コロナ恐慌）を心配する声まで出ています。私たちは、コロナ不況とどう付き合っていけばよいのでしょうか。

景気とは「経済活動全体の動き」のことで、「好況・後退・不況・回復」という4つのサイクルによって循環しています。好況の段階から景気が悪くなっていくと、景気後退となり、景気後退の中でも特に景気が悪い状態が不況です。

恐慌は、不況よりもさらに深刻な状況で、好況だった状態が急激な景気後退に陥ることを意味します。恐慌では、「株価暴落」「企業倒産」「失業者の急増」「インフレーション」が起きるといわれます。

一方で、過去に起きた不況から立ち直るのに要した時間をみると、1929年の世界大恐慌は約7年、1971年のニクソン・ショックによる不況は約17カ月、1973年の第1次オイルショックは約10カ月、1987年のブラックマンデー後に日経平均株価の下落分が回復するまでにおよそ6カ月、そして1991年のバブル崩壊の構造的不況の回復には実に20年以上を要しています。

また、今回のように世界的な感染症の流行も不況につながりますが、感染症の終息には、スペイン風邪（1918年）の場合がおよそ2年、SARS（2003年）は約8カ月、MERS（2012年）は約7カ月を要しました。

過去のリセッション（景気後退）では、その影響が生活者レベルに及ぶまでにはタイムラグがあり、不況を引き起こした要因により、社会が回復するまでの時間にはバラつきがありました。

今回の新型コロナウイルスのパンデミック（世界的流行）は、完全な終息までに時間がかかるため、生活者の消費行動はそれまで抑制されてしまいます。そのためコロナ不況からの回復も時間がかかると予想されます。

あらゆる状況において3密（密閉・密集・密接）を避ける新しい生活様式を強いられる中で、いかに企業は迅速にこの苦境を乗り切るかが試されています。

▼コロナ不況で社会の前提がガラリと変わる

景気の落ち込みが続くだけでなく、今回のコロナ不況によって、社会の前提がガラリと変わることも認識してほしいと思います。変わるのは次の5点です。

①既にビジネスモデルにほころびが見え、業績が伸び悩んでいた企業は、不況により致命傷を負う

今回のパンデミックにより、イギリスでは生活雑貨やアパレルの「ローラアシュレイ」、アメリカではデパートの「ニーマン・マーカス」や「J・C・ペニー」、アパレル小売りの「Jクルー」、高級食料品の「ディーン&デルーカ」、オーストラリアの航空会社「ヴァージン・オーストラリア」、タイの「タイ国際航空」、日本では「レナウン」などが経営破綻してしまいました。

これまで業績が振るわずにいた企業や、ビジネスモデルにほころびが生じていた企業は、今回のパンデミックによって致命傷を受けてしまいました。

②弱体化した企業を、安価に買収する企業が必ず登場する

企業再生を手掛けるアメリカのゴードン・ブラザーズは、今回経営破綻した「ローラアシュレイ」を買収し、合理化を進める一方で、ネット通販とフランチャイズによるグローバル展開に力を入れると発表しました。不況になると、弱体化した企業を買収し、傘下に入れる体力のある企業が必ず登場してきます。

③自社の事業領域でなくても、社会が必要とする商品やサービスの開発と供給をすみやかに開始する企業が出現する

新型コロナウイルスの感染拡大を受け、政府の緊急要請に応じてシャープは2020年3月半ばからマスクの生産を始め、販売も開始。トヨタ自動車は医療機器メーカーなどへの支援を表明、フェイスシールド（防護マスク）の生産に乗り出しました。またスズキもインドで人工呼吸器やマスク、防護服の生産を開始しました。

大企業を中心に、非常事態にあって社会が必要とする商品やサービスの製造と供給を迅速に開始する動きが出てきます。

④クラウドファンディングによる救援活動など、困っている組織や法人を支援する取り組みが始まる

中小零細企業を支援するクラウドファンディングが数多く行われ、また飲食店のテイクアウト需要をSNSなどによって支援する活動が活発に行われるようになります。医療機関で働く人たちへエールを送ったり、ボランティアで弁当やお菓子類を提供したりする取り組みも行われるようになり、支援の輪が広がっていきます。

⑤新たな需要が誕生する一方、既存需要が減少する状況が生じる

リモートワークが普及すると、新たな需要として、IT機器や関連する商品・サービスの需要が拡大していきます。またこれまで以上にEC（電子商取引）と宅配ビジネスの需要が拡大します。

リモートワークによる働き方が普及していくと、在宅ワークを前提とした人事評価制度が必要になってきます。働き方が変わると、企業の雇用形態が多様化し、正社員だけ

でなく個人事業主やフリーランスとの仕事も始まることで、個人を支えるサポートビジネスが拡大することにつながります。

その一方、既存需要の減少により、企業がオフィススペースを拡大しなくなる可能性が出てきます。この動きが加速すれば、都心でオフィスビルを運営してきた不動産業界に影響が出てくるでしょう。また、実際に出社する人が減少すれば、オフィスエリアでの外食需要は減少し、ビジネススーツや化粧品の需要が減少するといった動きが出てくるでしょう。

こうした予測も視野に入れ、影響が予想される企業は先手で対応策を講じる必要が出てきます。

不況期に実践して効果を上げた8つの対策パターン

このようにコロナショックによって社会の前提がガラリと変わると、企業は生き残るために、新たな打ち手を真剣に考える必要が出てきます。

そこで私は、過去の不況時に企業が採用した打ち手や、不況期に強い企業の特徴、ビジネスモデルが古くなった業界が不況をきっかけに新たな企業に代替されてしまうケース、さらに今回のパンデミックが引き起こした生活や仕事の変化による社会構造変化を踏まえた企業の取り組みなどを分析・研究しました。

そして、今回のコロナ不況に対して有効な打ち手となりうる、次の「8つの不況対策パターン」を抽出しました。

〈8つの不況対策パターン〉

①不況耐性型
②適者生存ダーウィン型
③顧客との関係づくりを強化し、需要を創造するプロモーション型
④キャッシュ・コンバージョン・サイクル短縮型
⑤不況逆手型
⑥リアルとバーチャルの融合最適型
⑦ダイレクトリクルーティング型
⑧働き方支援型

この8つの不況対策パターンは、それぞれ実践して成果を上げている企業を2社ずつ、ケーススタディとして紹介し、詳しく解説しています（つまり、8パターン×2社で、16社の成功事例が登場します）。

さらに、ケーススタディの解説に留まらず、異業種の企業でもこの不況対策パターンを応用できるように、「異業種企業が活用したいポイント・オブ・ビュー」という解説コーナーを後ろに設けています。

「コロナ不況の時代に、私たちはどうするか」を考えるうえで、この8つの不況対策パターンは有効な打ち手になりうると私は考えています。

8つの不況対策パターン

Contents

対策3 顧客との関係づくりを強化し、需要を創造するプロモーション型

対策8 働き方支援型

不況を乗り切る
マーケティング図鑑

成功企業16社でわかるサバイバル・マニュアル

備えあればうれいなし！

Recession-resistant
type 01

対策 1 不況耐性型

特徴

1. 過去の教訓を生かし、また自社事業の特性から、手元資金を潤沢にするゆとりのある経営を実践する
2. 平時から先手を打って、高収益事業に取り組む

モデル企業

- サカタのタネ
- ケンタッキーフライドチキン

❶ 不況耐性型の企業▼サカタのタネ

売り上げがゼロでも4カ月は持ちこたえられるキャッシュリッチ企業

売り上げが落ち込んでも企業が存続でき、不況時にも強い企業を知るには、手元資金の量を調べる方法があります。手元資金を把握するには、企業の手元流動性（現金・預金＋有価証券）から、有利子負債と前受金を差し引いた金額で把握します。その金額を見れば、その企業のキャッシュリッチ（金余り）の度合いと財務健全性が把握できます。

企業が赤字になっても、手元に現金があれば潰れることはありません。しかし業績が黒字でも、資金繰りが悪化すれば倒産する事態を招くことがあります。２００８年のリーマン・ショックの時には、この黒字倒産の憂き目にあった企業が何社もありました。

新型コロナウイルスによるパンデミックの終息後を見据え、企業は将来性のある事業分野に戦略的に投資を継続していく必要があり、企業のネットキャッシュ（キャッシュリッチの度合い）の大きさは、企業にとって大きな強みになります。

その一方、時価総額をネットキャッシュで割ったネットキャッシュ倍率（倍）が小さいほど、キャッシュリッチとして蓄えた現・預金が有効に活用されていない企業だとみなされ、企業買収の候補になりやすいという側面があるのも事実です。

かつて内部留保を増やした企業に対して、「物言う株主」が配当を増やすか、自社株を買い戻して株価を上げるように要求したことがありました。しかしながら、今回のように経済活動が止まってしまう事態では、内部留保をしたことが逆に強みとなりました。

サカタのタネがキャッシュリッチになった関東大震災直後の教訓

サカタのタネは、花と野菜の種子企業で、同社の2019年5月期の売上高は627億4600万円、営業利益77億1700万円、経常利益83億3100万円、純資産額1008億8300万円、総資産額1224億2500万円、自己資本比率82・3％、自己資本利益率6・8％、ネットキャッシュ144億円、現預金196億円、短期有価証券ゼロ、有利子負債51億円という内容（データは同社サイトから引用）です。

同社は40品目400品種の野菜の種、100品目1700品種の花の種を展開し、毎年80品種ほど新しい種を開発し販売しています。現在、日本を含む22カ国28拠点から、アメリカ、アジア、アフリカなど世界170カ国以上に向けて種を販売し、年間を通じて安定的に種を供給できるグローバル企業です。

国内シェアとしてはブロッコリーの種が75％、ホウレンソウでは50％、大玉トマトが40％、スイートコーンが60％、パンジーで40％を占める力を誇っています。

サカタのタネは国内で業界トップの地位にあり、海外売上比率（2019年5月期の全社の売り上げに占める海外売上高）が64・6％、世界第6位の種苗メーカーです。スーパーに並ぶ野菜や、花屋さんにある草花のほとんどが、サカタのタネに代表される種苗会社がつくった種からできていることを、多くの生活者は知らずに暮らしています。

同社を代表する商品は、マクワウリをフランス産のメロンと掛け合わせ、1962年に発売してヒットした「プリンスメロン」、1977年に網目模様（ネット）があり果実が緑色の「アンデスメロン」、甘いトウモロコシの「ハニーバンタム」、大輪八重咲きのトルコギキョウの「キング オブ スノー」、果実の肉質と味の良い「王様トマト」シリーズ、そして夏の暑い中でも美しい花を咲かせる「サンパチェンス」などがあります。

企業の安全性を表す指標が自己資本比率です。財務省の「法人企業統計調査」によると、2020年1~3月期の、金融業・保険業を除いた法人企業の自己資本比率は43・6%ですが、サカタのタネの自己資本比率は82・3%と同社が持つ資産の8割以上を自己資本で賄い、借入金は極めて少ない企業です。短期的な支払い能力を示す手元流動性比率（※注）も約4カ月分と高く、仮に売り上げがゼロになったとしても、4カ月ほどは持ちこたえられる体力を同社は持っています。

種の開発には、10~15年ほどかかる場合もあり、長い年月を要します。開発された新品種は、協力農家などで販売できる量になるまで増やしていく必要があります。長いときは、この採種工程にも数年かかることもあるようです。リスクを分散するため、約20カ国で種を採っています。また同じ品種でも南半球と北半球で並行して採種するといった工夫も行われています。

（※注）手元流動性

手元流動性比率＝手元流動性÷月商

手元流動性＝現金＋預金＋短期有価証券（1年以内に換金できる有価証券）

手元流動性では、当座資産には含まれている売掛金が除外されています。売上代金の回収は得意先の支払い能力に依存するため、売掛金は換金性が高いとは言えないためです。手元流動性比率↓当座資産↓流動比率の順序で、より厳密に短期の支払い能力を分析することができます。

創業者の坂田武雄氏が、海外で園芸や種苗の基礎を学ぶために１９０９（明治42）年、20歳の時に渡米。帰国後、横浜市に苗木会社として「坂田農園」の看板を掲げ、１９１３（大正2）年7月、24歳の時に創業しました。しかし苗木の輸出は利益が出ず、１９１６（大正5）年に種子の販売に事業を転換します。１９１６年に坂田商会となり、種子輸出の専門会社として再出発することになります。

海外からの注文で、送った種子が発芽しないトラブルが生じたため、民間では当時初の発芽試験室をつくり、事前に種子の発芽率をチェックできるようにしたことで、海外ユーザーの信頼を獲得していきました。

1923（大正12）年9月1日に関東大震災が発生して本社屋は倒壊。経営が苦しいこの時期に、英国の種苗会社からキャベツの採種の依頼を受け、前金として5万円（現在の貨幣価値で約2580万円）を受け取りました。

ところがこのキャベツの採種はうまくいかず失敗したため、英国の種苗会社からは前金の返還を求められてしまいます。幸い手を付けずにいたため、5万円の前金は返金することができました。

どのような事態になろうと、会社が事業を継続できる体制にしておくという経営方針はこのときを起点に生まれ、他日に備える経営を現在も継続しています。また自然リスクと隣り合わせの開発を少しでも有利に進めるために、財務以外でもゆとりを持った経営を実践しています。

経営姿勢

自然リスクと隣り合わせの開発を少しでも有利に進めるために、財務はもとより、諸事ゆとりを持った経営を実践

財務状況

- 自己資本比率は82.3%と、同社が持つ資産の8割以上が自己資本
- 手元流動性比率も約4カ月分と高く、仮に売り上げがゼロになっても、4カ月ほどは持ちこたえられる体力を持つ

不況に強い

1 サカタのタネのビジネスメソッド

過去の教訓

関東大震災直後に受注した案件が失敗し、多額の前金の返還を求められたが、手を付けずにいたため返金できた

サカタのタネの事業特性

- 種の開発には、10～15年ほどかかることがある
- 販売できる量になるまで増やす採種工程は数年かかる
- 採種する場所はリスクを分散するため約20カ国で行っている
- 同じ品種でも南半球と北半球で並行して採種するといった工夫を行う

❷ 不況耐性型の企業▼ケンタッキーフライドチキン

平時から先手を打って、高収益化を実現する

政府が2020年2月16日に不要不急の外出を控えるよう呼びかけ、続いて緊急事態宣言が4月7日に発出され5月25日に解除されたものの、外出自粛や休業により外食産業は大きな打撃を受けています。

日本フードサービス協会が会員企業を対象に毎月行っている市場動向調査によると、4月の外食全体の売り上げは前年同月比で4割減の60・4%と、調査を始めた1994年1月以降、最大の下げ幅となりました。

大きく落ち込んだのがパブ・居酒屋で、「パブ・ビアホール」は前年比4月（4・1%）、5月（4・1%）、「居酒屋」は4月（9・7%）、5月（11・5%）と2カ月続

けて壊滅的な状況です。またディナーレストランは4月（16・0％）、5月（28・5％）、ファミリーレストランが4月（40・9％）、5月（50・6％）など軒並み前年比で大きく落ち込んでいます。

自粛解除後も感染拡大防止のため、各企業は客席を減らしてフィジカルディスタンスを確保する「間引き営業」を行っているため、客数と売り上げを思うように増やせない状況が続いています。

こうした中で「洋風」ファストフードだけは好調で、4月（102・8％）、5月（110・9％）と前年実績を上回っています。

好調なファストフード業界で日本マクドナルドホールディングスと並んで健闘しているのが、**ケンタッキーフライドチキン（以下KFC）**です。KFCを持つ日本KFCホールディングスは、新型コロナウイルスの問題が浮上する以前から、経営を安定させる手立てを打っていました。

日本KFCホールディングスが発表した2020年3月期決算によると、同社の売上高は796億3400万円（前年同期比7・1％増）、営業利益は47億8500万円（116・9％増）、経常利益32億5200万円（9・3％増）、自己資本比率57・4％、現金及び現金同等物の期末残高149億1700万円、親会社に帰属する当期利益15億3300万円（25・4％減）となり、決算期を変更した後の2011年3月期以降で営業利益は過去最高となっています。

KFCは日常的な利用を促す取り組みを強化したことで、チェーンの売上高が想定を上回る業績で推移し、さらに原価率の改善と経費最適化との相乗効果で、売上高は増収となりました。営業利益は増加したのに、当期純利益が減益になった理由は、持分法による投資損失を計上したためです。持分法を適用する関係性会社はビー・ワイ・オーで、和食居酒屋の「えん」や「おぼん de ごはん」などの飲食事業を展開する企業です。

新型コロナウイルスの感染が拡大した2020年3月以降もテイクアウト需要は旺盛で、既存店売上高は2020年4月まで17カ月連続で増加しています。

KFCの国内店舗数は約1130店ありますが、2020年4月13日時点で商業施設などにある約100店舗は休業し、5月中は営業している国内約1030店で店内飲食を中止、持ち帰りや宅配のみの対応で、営業時間も原則午後8時までに短縮した中での実績です。

KFCが先手を打ってきた施策

日本KFCホールディングスグループは、中期経営計画「創業50周年に向けて」（2018年度〜2020年度）を立案し、「おいしさ、しあわせ創造」を経営理念として、KFCは、「原点回帰」「お客様目線（現場目線）」「人財育成」の3つを基本テーマに掲げ、持続的なブランド価値の向上を図る活動を展開してきました。

まず「原点回帰」では、創業時から大事にするおいしさへのこだわりを継続し、「オリジナルチキン」をリーズナブルなメニューとして提供しつつ、並行して新商品として「パリパリ旨塩チキン」（2019年4月）、「サクサク骨なしケンタッキー麻辣味」（2019年10月）、「ブラックホットチキン」（2020年1月）、「クアトロチーズサンド」（2020年3月）などを開発し提供しました。

次に「お客様目線（現場目線）」では、日常利用の促進を目的に「500円ランチ」を導入し、2020年1月から定番メニュー化しています。同社は特別な日やクリスマスに利用されるイメージが強いことから、**日常的に利用してもらえるブランドイメージを形成しながら、ネットオーダーシステムを強化し、利便性の向上にも取り組みました。**

2019年10月の消費税増税・軽減税率導入時には、顧客へのわかりやすさを考慮し、主力の定番商品は価格を据え置き、「店内飲食」「持ち帰り」の税込み価格を統一しています。また同社が強化しているデリバリーサービスは、配達代行も含めて実施店舗を220店舗まで拡大させました。

そして「人財育成」では、従業員と共に働きがいのある職場環境を構築し、将来の経営土台をつくる取り組みを行っています。厨房スタッフ全員に「チキンスペシャリスト」というKFC独自の調理認定資格の取得を義務付け、品質へのこだわりを磨くという取り組みです。

また新たに19店（直営7店・フランチャイズ12店）を出店し、店舗数は1133店、改装は212店（直営46店・フランチャイズ166店）と、期初計画の120店（直営

20店・フランチャイズ100店）を大幅に上回る改装も実施しました。

ネットキャッシュが潤沢な上に、結果を出した戦略的な5つの取り組み

競争が激しい外食業界では、小規模の飲食店を中心に手元の運転資金は1〜2カ月分しか確保できていない企業が多く、今回の新型コロナウイルスの影響で営業が継続できない企業が続出することが懸念されています。その中で、日本KFCホールディングスのネットキャッシュは149億1700万円、現預金は149億1700万円、短期有価証券と有利子負債はともにゼロという体力を構築してきています。

KFCは持ち帰りの比率が約7割とテイクアウトに強い企業ですが、500円ランチを導入し、「今日、ケンタッキーにしない？」の広告フレーズで日常使いの訴求を行うテレビCMを展開して、顧客の利用をさらに促進しました。

同社の競合はファストフード企業だけでなく、コンビニエンスストアやスーパーも入ると想定。**「日常使い」「イートイン」「テイクアウト」「デリバリー」「ドライブスルー」というこれまで行ってきた5つの取り組みが、明らかに功を奏しています。**

対策視点

- 日常的に利用してもらえるブランドイメージを形成
- 同社の競合はファストフード企業だけでなく、コンビニエンスストアやスーパーも想定

事業政策

- ネットオーダーシステムを強化し、利便性を向上
- 主力の定番商品は価格を据え置き、「店内飲食」「持ち帰り」の税込み価格を統一
- デリバリーサービスは、配達代行も含めて実施店舗を220店舗にまで拡大

財務状況

ネットキャッシュは149億1700万円、現預金は149億1700万円

不況に強い

❷ ケンタッキーフライドチキンのビジネスメソッド

過去の利用場面

同社は特別な日やクリスマスに利用されるイメージが強い

↓

商品政策

- 「オリジナルチキン」をリーズナブルなメニューとして提供
- 新商品を次々と開発して提供
- 日常利用の促進を目的に「500円ランチ」を導入

広告コミュニケーション

「今日、ケンタッキーにしない?」の広告フレーズで日常使いを訴求

↑

長年継続してきた施策

「日常使い」「イートイン」「テイクアウト」「デリバリー」「ドライブスルー」というこれまで時間を掛けて行ってきた5つの取り組み

対策 1 不況耐性型

異業種企業が活用したい ポイント・オブ・ビュー

①手元資金が潤沢になるように、自社の高付加価値化を図る

銀行から借り入れを行って現預金を残しても、月々の借入金返済は発生します。今回起きた事態のように月々の売り上げが万一途絶えたら、月々の銀行返済は重くのしかかってきます。

開発から販売、そして資金回収までの期間に応じて、企業は自己資本を増やし、不況時にも耐えられる体力をつけていくことがやはり欠かせません。しかし商品差別化が図れずにいると、競合企業との価格競争に巻き込まれ、利益を積み上げることができなくなります。

多くの企業が抱えるこうした課題を解決するには、自社の事業と商品を徹底的に高付加価値化し、高収益性を確保できる体制にしていく以外に方法はありません。

高付加価値化を図る際には、手元資金が潤沢なキャッシュリッチ企業を徹底的に研究し、自社に活用できる視点を導き出す方法があります。同業他社だけでなく、異業種他社のキャッシュリッチ企業も含めてその強さを研究してみると、自社の高付加価値化の方向性が見えてくるはずです。

②平時から準備を怠らず、仕組みをつくる

外食産業がし烈な理由は、この業界の厳しさを知らぬままに、新規参入する人が後を絶たず、失敗して撤退しても、すぐにまた別の新規参入組が現れるからです。飲食ビジネスは設備投資がかかり、立地に左右され、一度その場所に出店したら容易に転居はできません。コストを賄うために価格を高くしようとしても、安価な料金で提供する競合店舗が多いために、これもままならない状態です。

また競合する相手は飲食店だけでなく、コンビニエンスストアやスーパーの弁当惣菜類、さらに持ち帰り弁当チェーンも存在しています。

また生活者はすぐに飽きるので、人気が出たからといって、永続するわけではありません。いくら参入障壁が低くても、この業界で生き残って収益を上げるのはたやすくはないのです。

外食産業の中で万人を相手にするマスマーケットでビジネスするなら、次のような方法が効果的です。

●同業他社だけでなく、異業種競合も視野に入れる

事業計画と商品設計を行う際は、同業他社だけでなく、異業種競合も視野に入れることです。

●競合に対して優位性を発揮できるプライシング設定

競合他社と横並びのメニューでは価格競争に陥るため、オリジナル商品を開発して競争優位性を発揮し、高収益な価格設定を実現しましょう。

●飽きさせない新メニューの投入

定番メニューと並行して期間限定や季節限定で新商品を投入して、注目度を絶えず向上させるように取り組みましょう。

◉利用頻度の向上

ファストフードの強みは、利用頻度と利用場面が多いことです。朝昼晩の食事時だけでなく、カフェやデザートを愉しめるようにして、隙間時間を埋められないか検討してみましょう。

◉提供方法の多様化

テーブルに着席してフルサービスを提供する方法だけでなく、「テイクアウト」「デリバリー」「ドライブスルー」などをその場しのぎの対応ではなく、仕組み化してみましょう。

◉ゴーストレストラン方式

テイクアウトや宅配に特化して、キッチンのみで営業を行うゴーストレストランと呼ばれる方式がアメリカで登場し、日本でも見かけるようになっています。この方式はフロアスタッフの人件費や設備投資が軽減でき、条件の良くない物件を安価で借りて営業できるというメリットがあります。現状の業態を全てこの方式に転換するのではなく、リアルの店舗と複合させるという発想があります。

以上のような視点を参考にして、戦略を立案してみてください。

参考資料 ※本書の参考資料の出典は、2020年9月10日時点のものです。

『サカタのタネ、4カ月売り上げゼロでも耐えられる』
日経ビジネス 2020年7月9日
https://business.nikkei.com/atcl/gen/19/00176/070800005/?P=2

『コロナに負けない「金持ち企業」トップ500社　トップ3は1兆円超えのネットキャッシュ』
東洋経済オンライン 2020年6月26日
https://toyokeizai.net/articles/-/359062?page=11

『上場企業の社長に聞く！ 夢とお金の本質・サカタのタネ・坂田宏社長』
日興フロッギー 2019年2月21、28日
https://froggy.smbcnikko.co.jp/series-name/sakatanotane/

『データからみる外食産業［2020年4月］概況と同［2020年5月］概況　外食産業市場動向調査結果』
日本フードサービス協会
http://www.jfnet.or.jp/data/m/data_c_m2020_04_3.html
http://www.jfnet.or.jp/data/m/data_c_m2020_05_3.html

『外食産業、売り上げ9割減も　各社模索、どうなる今後?』
ザ・ページ 2020年7月7日
https://news.yahoo.co.jp/articles/9d71b11c49421b7c17af544c37b3e591075cea59?page=1

『2020年3月期 決算短信〔日本基準〕(連結) 日本KFCホールディングス株式会社』
2020年5月13日
https://japan.kfc.co.jp/ir/pdf/ir358.pdf

『ケンタッキーの決算から考える今後の業績』
note 2020年5月19日
https://note.com/ijnrdx/n/n91ac53960895

『外食企業「テイクアウト&宅配」で分かれた明暗　「勝ち組」外食チェーンにも残る宅配の課題』
東洋経済オンライン 2020年6月24日
https://toyokeizai.net/articles/-/358521

『日本KFC、4月既存店33・1%増収　持ち帰り需要増』
日本経済新聞 2020年5月13日
https://www.nikkei.com/article/DGXMZO59037770T10C20A5000000/

『不況で伸びているブランドは不況前から準備をしていたはず』
note ２０２０年４月２日
https://note.com/tomokikurosawa/n/n01fe261fd0b8

『コロナでＫＦＣ・マックが見せた「底力」、外食の明暗分かれる』
ダイヤモンドオンライン ２０２０年４月２日
https://diamond.jp/articles/-/233514

『ケンタッキーが復活？「５００円ランチ」の威力　８月の売上高は11％増、きっかけは大学生の声』
東洋経済オンライン ２０１８年９月11日
https://toyokeizai.net/articles/-/237137

『３月の売上高前年対比１０８％を叩き出したケンタッキーの勝因は？』
M&A ONLINE ２０２０年４月17日
https://maonline.jp/articles/kfc_20200417

ィン型

Survival of the fittest, Darwinian
type 02

対策 2 適者生存ダーウ

特徴

1. オーバーストアになった小売店舗や、ビジネスモデルが制度疲労を起こしている企業が撤退した店舗の設備・家具・調度などをそのまま利用し、コストを掛けずに店舗を増やす「居抜き出店」を活用し、自社の店舗網を効率よく拡大
2. 不況時や環境変化が起きた際に力を発揮するリサイクルやリユースの市場で、顧客と市場をセグメントし、「低い原価で利益率の高い価格で販売」して高収益化を図る

モデル企業

- ドン・キホーテ
- トレジャー・ファクトリー

③ 適者生存ダーウィン型の企業▼ドン・キホーテ

コストを掛けずに「居抜き出店」の手法を活用して事業を拡大する

国内では多くの小売業が商圏人口の少ないエリアに出店したことでオーバーストア現象を起こし、地方都市ではスーパーマーケットや家電量販店の撤退が進んでいます。

またビジネスモデルが制度疲労を起こしている企業は成長が次第に鈍化し、売り上げが伸びなくなっています。EC（電子商取引）やSaaS（ソフトウエア・アズ・ア・サービス）に代替されている書店・CD／DVDレンタル業界、リアルの小売業、地方銀行などが代表例です。さらに2018年2月1日に規則改正が行われた風営法の規制強化によってパチンコ業界も経営が厳しくなっています。

通常でも経営が厳しい業界が、景気後退による需要の減少に直面すれば、組織をスリム化し経費を削減するため、店舗数を減らして合理化を図る企業が増大します。こうした企業が撤退した店舗を、コストを掛けずに自社店舗に効率よく転用して成長している企業が、パン・パシフィック・インターナショナルホールディングスが運営する**ドン・キホーテ**です。

ドン・キホーテは1978年に西荻窪で「泥棒市場」として創業し、1989年に「ドン・キホーテ」1号店を出店して以来、成長を続けています。

2019年6月期の連結業績は、売上高が1兆3288億円（前期比41・1％増）、営業利益は631億円（22・4％増）、経常利益が682億円（19・3％増）、純利益が482億円（32・5％増）。店舗数は693店、ROEが15・6％です。ユニーの総合スーパー事業「アピタ」「ピアゴ」100店舗を2022年中にダブルネーム店舗「MEGAドン・キホーテUNY」へ業態転換する計画も進めているところです。

2020年5月度（3月から5月）は新型コロナウイルスの影響により、外出自粛やリモートワークが拡大するなど、顧客の購買行動は大きく変化しました。また渡航制限に伴う訪日外国人の大幅な減少により、免税売上高が消失したにもかかわらず、生活必需品のまとめ買い需要などにより、国内リテール主要5社（ドン・キホーテ、ユニー、UDリテール、長崎屋、ダイシン百貨店）の既存店売上高は、前年同月比3・0％増となっています。

このドン・キホーテがコストを掛けずに事業を拡大するために採用している経営手法が、「居抜き出店」による店舗数の拡大です。

「居抜き出店」とは、以前のテナントが使用していた設備や椅子、テーブルなどの家具、壁や天井の内装、カウンターや造り付けの棚などの造作を残したまま、売り渡したり貸したりする物件を利用して出店する手法です。

居抜き出店は設備や家具などをそのまま使えるため、新たな借り主は設備をそのまま流用でき、初期費用の大幅な削減が可能です。また開業までの時間を大幅に短縮することができるメリットもあります。

ドン・キホーテは撤退したボウリング場やゲームセンターの跡地への出店から始まり、

総合スーパー跡への出店拡大は、「サンバード長崎屋」を傘下に収めた時から開始しました。同社はここで生鮮品や惣菜の販売、大型店の運営のノウハウを獲得していきます。

総合スーパー跡への出店は、ダイエー（立川店、綾瀬店）、イトーヨーカドー（豊橋店、姫路広畑店）、イズミヤ（八千代16号バイパス店）、ユニー（大垣インター店、伊勢上地店）などがあり、地場型総合スーパーだった「ダイシン百貨店」（大田区山王）跡はMEGAドン・キホーテになりました。

家電専門チェーン跡への出店としては、「ヤマダ電機」（横浜青葉台店、名四丹後通り店、豊郷店など）や「コジマ」（下館店、松原店、長崎時津店など）、「ケーズデンキ」（津桜橋店など）、「ベスト電器」（八女店）をはじめ、廃業したローカルチェーン跡への出店は「さくらや」（池袋東口店）、「そうご電器」（札幌店、手稲店、平岡店など）があります。またAKB48劇場が入居する旗艦店の秋葉原店は、「T-ZONE」や「ラオックス」がテナントにしていた建物です。

異色の出店先としては、新宿・歌舞伎町の大和銀行新宿支店跡（現りそな銀行）、那

既存店舗を撤退させている業界

書店・CD／DVDレンタル業界、リアルの小売業、地方銀行、パチンコ、総合スーパー、家電専門店、ファッションビル、秘宝館など

↓

- コストを掛けずに事業を拡大する居抜き出店を活用
- 居抜き出店は設備や家具などをそのまま使用できるため、初期費用の大幅な削減が可能
- 居抜き出店は開業までの時間を大幅に短縮できる

2019年6月期の連結業績

売上高	1兆3288億円(前期比41.1%増)
営業利益	631億円(22.4%増)
経常利益	682億円(19.3%増)
純利益	482億円(32.5%増)
店舗数	693店、ROEが15.6%

不況に強い

3 ドン・キホーテのビジネスメソッド

市場の背景

- 国内では数多くの小売業がオーバーストア現象を起こし撤退が進む
- ビジネスモデルが制度疲労を起こしている企業は成長が鈍化

↓

採用している経営手法

↓

企業業績

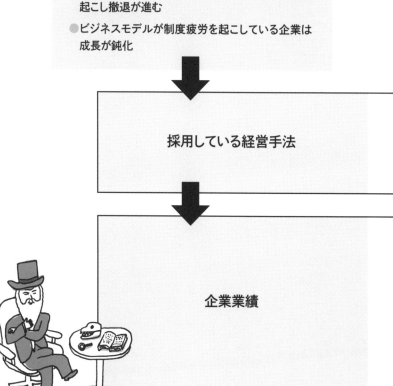

覇市国際通りのファッションビル「那覇オーパ」(旧フェスティバルビル)跡、さらに石和温泉(山梨県笛吹市)の秘宝館だった「元祖国際秘宝館石和甲府館」にも居抜き入居しています。

緊急事態宣言が発出され多くの企業が苦しんでいる中で、ドン・キホーテは前年同月比で売り上げを伸長させるなど、環境変化への対応力に長けた企業といえるでしょう。

④ 適者生存ダーウィン型の企業▼トレジャー・ファクトリー

「不要になったモノをすぐに換金でき、欲しいモノを安価に入手できる仕組み」で、不況時にも成長する

リーマン・ショックや東日本大震災などで市場環境に大きな変化が起きると、ライフスタイルも必ず変質します。また国や自治体の仕組みが変われば、生活者は行動変容を起こします。

粗大ゴミが有料になったことで、従来無料で廃棄してきた「モノ」を見直すきっかけが生活者に生まれました。中古品市場が、リサイクル市場・リユース市場として見直され、需要が拡大したのが良い例です。

中古品市場は、不要になったモノを安定的に、安価に仕入れる仕組みをつくり、利益率が高くなるように価格設定して販売すれば、高収益化が図れます。調達する商品の原

価を低く抑え、販売価格を高くすれば高収益化できるビジネスモデルです。

リサイクルやリユースの市場は、不景気の時や環境変化が起きた際に、特に需要が膨らみます。

今回新型コロナウイルス感染拡大による外出自粛で、多くの生活者は自宅で過ごす時間が生まれました。その時間を使って家の掃除や片づけを行い、「断捨離」と称してリサイクルショップに不用品を持ち込む人が増えることにつながりました。また雇い止めや解雇で収入が減ったために、換金を目的に所有するモノを持ち込む人もありました。

リサイクル・リユース市場に参入し、創業から右肩上がりの成長を続けているのが**トレジャー・ファクトリー**です。同社の売上高は191億2300万円（2020年2月期実績）対前年比107・8％、全国に131店舗（2020年1月11日時点）を展開しています。

一般的なリサイクルショップは雑然とモノが置かれ清潔感がない店舗が多いのですが、同社の店舗は、商品に気付いてもらうために「綺麗」であることを最低条件にして運営しています。

またあらゆるモノを取り扱う総合リユース店舗だけでなく、**専門特化した店舗を設けて、顧客ニーズに合致させるように取り組んでいます。**

創業当初、同社は全ての商品を陳列する総合リユース店舗から事業を開始しましたが、商品カテゴリーや商品特性によって、顧客ニーズと店舗特性が合致しないことに気づきます。

例えば、アウトドア用品としてはブランド力があり、数万円するランタンを総合リユース店舗で販売しても、高いために売れませんでした。ところがアウトドア用品に専門特化した店舗トレファクスポーツでは、高い価格でも売れたのです。こうした試行錯誤の結果、同社は市場と店舗をセグメントして、以下のように専門特化を図っています。

同社の店舗とセグメントしたカテゴリーは、

- 総合リユースショップ「トレジャーファクトリー」
- 服飾専門ユーズドセレクトショップ「トレファクスタイル」

- スポーツ・アウトドア専門リユースショップ「トレファクスポーツ」
- ブランドアイテム専門ユーズドセレクトショップ「ブランドコレクト」
- 古着アウトレットショップ「ユーズレット」
- 家具・家電専門リユース業態「トレファクマーケット」
- ブランド古着販売買い取り「カインドオル」
- ドレスレンタル「カリル」
- メンズ限定古着買い取り「メンズバイ」
- 中古ゴルフクラブ「ゴルフキッズ」
- 不動産買い取り・仲介「トレファク不動産」
- 引っ越しと買い取り処分「トレファク引越」
- 採用系オウンドメディア「JOB STORY」の運営

といった具合です。

競合他社と横並びの総合型だけでなく、アウトドアや家電、ゴルフ用品など専門特化した店舗をつくり、服飾専門店は価格帯ごとに業態を分けて運営を行っています。

またECサイト、引っ越しと買い取りを組み合わせたサービス、ドレスレンタルの事業にも取り組み、住民が多い大規模マンションに出向いて買い取りを実施するなど、新たな顧客層の開拓にも力を入れています。

メルカリなどフリマアプリとの住み分け

メルカリに代表されるフリマアプリの出現で、リアルの店舗は買い取り品の減少や来店客の減少につながると当初は懸念されました。フリマアプリを使えば、売り出す価格を自ら決められ、高い利益を入手できるメリットがあるからです。

しかし実際にフリマアプリを利用すると、商品の写真撮影から始まり、購入希望者との価格交渉、成約してからは梱包して発送するといった一連の作業が必要で、換金までに時間がかかります。メルカリの場合、コンビニエンスストアや郵便局で簡易に発送できる仕組みが用意されていますが、面倒に感じる人は当然存在します。そうした人たちがトレジャー・ファクトリーなどリアルのリユース店舗を利用することになるわけです。

- 自宅で過ごす時間が増えると、「断捨離」を始める人が増える
- 仕事を失ったり、収入が減少したりした人は、リサイクルショップに不用品を持ち込んで換金する

- 商品に気付いてもらうために「綺麗」にすることを最低条件にして運営
- 専門特化した店舗を設け、顧客ニーズに合致させることで、高い商品でも売れる仕組みをつくる

- フリマアプリは商品の写真撮影から購入希望者との価格交渉、成約してから梱包して発送するといった手間が掛かり、換金までに時間を要する
- 手間と時間を惜しむ人は、リユース店舗を利用することに着目

不況に強い

❹ トレジャー・ファクトリーのビジネスメソッド

市場の背景

- 市場環境に大きな変化が起きると、ライフスタイルは変質する
- これまで廃棄してきた「モノ」を見直すきっかけが生まれた
- 中古品市場がリサイクル市場・リユース市場として見直されるようになった

↓

独自の業態開発

↑

競合企業との住み分け視点

対策 2 適者生存ダーウィン型

異業種企業が活用したい ポイント・オブ・ビュー

①社会が萎縮している時に、良い条件の物件を安価に入手して事業を拡張する

不動産には「物件の売り手の多くは売り急ぐのに対して、買い手は急がずに待っていられる」というセオリーがあります。

売り手は「現金化するために、売却を急いでいる」場合が多く、早く売れるなら多少条件が悪くても手放そうと考える人が出てくるからです。買い手はそれを知っているので、交渉では買い手が優位になることが多いわけです。

景気が後退すると所有する店舗などの物件を手放す企業が増え、中には非常に立地の良い物件が破格の条件で市場に出てくる場合があります。

直近の例では、銀座2丁目にある「ティファニー銀座本店ビル」は、孫正義・ソフトバンクグループ会長が個人資産として所有していましたが、不動産大手のヒューリックに売却。売買金額は300億円超と報じられました。また三陽商会は銀座8丁目の旗艦ビル「GINZA TIMELESS 8」を売却し、2020年8月末で営業を終了しました。

平時なら手が出ない価格や条件でも、社会が萎縮している時には、条件の良い物件を入手できるケースが増えるのです。事例のように「居抜き物件」を活用すれば、さらに経費を削減できることにつながります。

他日に備えて体力を蓄えてきた企業は、不況期を飛躍する機会に変えていくことになります。

②不用品を換金したいニーズと、安価にモノを入手したいニーズという2つの需要を取り込む

高度成長期のように収入が右肩上がりの時代と違い、現在の日本のように成熟期に入った社会では、収入は横ばいや増えていかない職種が現れます。収入が増えない世の中になると、不要になったモノを売却して換金する生活者のニーズは膨らみます。

また非正規労働者や生活費をアルバイトで賄う学生は、景気後退による雇い止めに直面すれば即座に収入を失ってしまいます。こうした人たちにとって不用品を換金できる仕組みは、わずかな金額であっても頼りになります。

その一方、収入が増えない社会では経済合理性が重視されるようになり、安価に欲しいものが入手できるなら中古品でもよいと考える人が出てきます。このダブルニーズに呼応しているのが、リサイクル・リユース市場のビジネスです。

この市場で成功するには、2つポイントがあります。

◉継続して安定的に中古品を仕入れる仕組みをつくる

質の良い中古品を安定的に仕入れる仕組みを持つことが、リサイクル・リユース市場のビジネスで成功する絶対条件です。

質店で上場した大黒屋が、フランチャイズシステムを導入した理由も実はこの点を視野に入れています。同社は加盟店に質入れされた中古品が売れない場合、本部が買い取る仕組みを用意しています。全国から中古品を調達し、需要のある大都市の店舗で販売するという仕組みを考え出したわけです。

◉高く売れる専門業態の開発

程度の良い中古品を安価に仕入れたら、その品物をできるだけ高く購入してもらえる仕組みをつくり、利益率を上昇させることが2つ目の条件です。

不特定多数の人が利用する店舗では、購入時の選択基準は安さが最優先されてしまいます。ところがカテゴリーと顧客を絞り込んで専門特化した店舗にすると、利用者は商品の機能やブランド価値を知っているため、付加価値を認め、高くても購入してくれるようになるのです。

ちなみにリサイクル・リユース市場でビジネスする他企業には、ゲオホールディングス、ブックオフグループホールディングス、コメ兵などもあります。

参考資料

『「ドン・キホーテ」、居抜き出店戦略の結果生まれるさまざまな外観』
ハーバー・ビジネス・オンライン ２０１８年7月31日
https://hbol.jp/171673

『ドンキnewsグループ店舗数７００店達成、「ビジョン２０２０」も1年前倒しで実現』
商人舎 流通スーパーニュース ２０１９年12月6日
https://news.shoninsha.co.jp/strategy/142660

『(株)パン・パシフィック・インターナショナルホールディングス　ホームページ』
https://ppih.co.jp/

『「いい会社の経営者講演」トレジャーファクトリー～「もったいない」から始まった個性を活かす経営～』
鎌倉投信 ２０１９年7月23日
https://www.kamakuraim.jp/information/yuibiyori/detail/--id-996.html

『トレファクやブックオフ快走の背景に「メルカリ脱落族」』
日経ビジネス ２０１９年10月16日
https://business.nikkei.com/atcl/NBD/19/depth/00373/

くりを強化し、
プロモーション型

Promotion type to create new demand
03

対策 3 顧客との関係つ
需要を創造する

特徴

1 B2B市場が縮小した際には、B2C市場の掘り起こしを行い、新たな需要を開拓する

2 予測できるリスクを踏まえ、顧客との関係を強化しながら顧客データを精緻化し、自ら需要促進策を展開できる仕組みをつくる

モデル企業

▶ JR東海(東海旅客鉄道)
▶ 無印良品(良品計画)

5 顧客との関係づくりを強化し、需要を創造するプロモーション型の企業▼ＪＲ東海

Ｂ２Ｂだけでなく、Ｂ２Ｃの市場を自ら創造する

不況は需要を縮小させ、消費を減少させてしまいます。今回のパンデミックは外出自粛要請とリモートワークの推奨により、外食産業・観光業（ホテル・旅館・土産物店など）・航空会社・鉄道（特にビジネス需要が多い東海道新幹線）・旅行代理店業などは大きな打撃を受け、自力ではどうにもならない事態に追い込まれてしまいました。こうした場合、需要が回復するまで何もせずにいては、最悪の結果を招いてしまいます。

企業は自らの手で需要を創造できる業種と、顕在している需要を取り込んで成長する業種の２つに分かれます。後者の業種は、景気後退期には手立てに乏しく苦境に陥りやすくなります。

1991年のバブルの崩壊によって日本は不況に襲われ、日本経済は急速に縮小しました。ビジネスパーソンの移動が激減したため、鉄道会社や航空会社、ビジネスホテル、ビジネスパーソンが利用していた料飲店や接待用の飲食店は苦境に立たされます。

日本の動脈的役割を担う**JR東海（東海旅客鉄道）**の東海道新幹線もビジネスパーソンの出張需要が激減し、大きな機会損失に直面します。「出張（B2B）」という企業の需要を、鉄道会社が創出することは当然ながらできません。

この苦境を打破するため新たにB2Cの需要を創造するために行われたのが、新市場創造型のプロモーションです。首都圏の生活者を京都に誘客する**京都キャンペーン**と、関西圏の生活者を東京ディズニーランドなど首都圏に動員する2つのキャンペーンです。

東京ディズニーランドへの動員を狙ったキャンペーンはうまくいかず終了してしまいますが、「そうだ京都、行こう。」をキャッチコピーにしたテレビ広告を核とした京都キャンペーンは大成功を収めます。

キャンペーンが始まった1993年に会員制の「KYOTO・CLUB」の運営も同時に開始され、その後10年間にわたり継続されました。

「KYOTO・CLUB」に入会すると、提携先で提示すれば割引サービスが受けられる会員証と年間パスポートが送付され、東海道新幹線と京都市内のホテルを組み合わせた特典ツアーの斡旋などを受けることができました。

「KYOTO・CLUB」の入会者の特徴は、定期的に京都を訪れることが多く、京都に旅するというよりも、京都を愉しむことが生活スタイルになっている人たちでした。

当時「KYOTO・CLUB」の事務局を担当していた人によると、**提供された特典は施設の割引サービスよりも、京都の飲食店などの案内を電話で行うコンシェルジュサービスに最も人気があったそうです。**

このコンシェルジュサービスは、京都の案内機能を果たします。例えばメンバーが今いる場所を電話で伝え、お薦めの飲食店を尋ねると、希望するカテゴリーの飲食店の中から至近距離にある店舗を教えてくれるといった対応です。会員に提供した過去のデータは顧客履歴としてクラブデスクに残るので、スタッフは以降の案内がしやすく、過去の履歴を共有できます。そのため会員とスタッフとのコミュニケーションが深まり、利用者の満足度は高まっていきました。

1年間に一度も京都を訪れていないと、会員には退会の予告が文書で送られる仕組みになっていたのですが、この知らせを受けると会員資格を維持するために、慌てて京都に出掛ける人たちが増えるという想定外の効果まで表れました。

東海道新幹線は出張というB2B需要に大きく依存していましたが、景気後退による需要の減少を機にB2C需要を顕在化させました。1993年に開始された「そうだ京都、行こう。」キャンペーンは2016年に「そうだ京都は、今だ。」と衣替えされ、現在もなお継続しています。

実施したプロモーション

- 「そうだ京都、行こう。」をキャッチコピーにした広告を核とした京都キャンペーンを開始
- 京都キャンペーンと同時に、提携店舗での割引サービスや、京都案内を電話で行うコンシェルジュサービスが受けられる会員制の「KYOTO・CLUB」を開始

プロモーションの効果

- 「KYOTO・CLUB」のコンシェルジュサービスは会員から支持される
- 1年間に一度も京都を訪れないと、会員には退会の予告が文書で送られるが、その通知が会員の京都旅行を促すことにつながる
- 東海道新幹線は出張というB2B需要に大きく依存していたが、景気後退による需要の減少を機にB2C需要を顕在化

その後の展開

1993年に開始された「そうだ京都、行こう。」キャンペーンは、2016年に「そうだ京都は、今だ。」と衣替えされ、現在も継続されている

不況に強い

5 JR東海(東海旅客鉄道)のビジネスメソッド

当時の社会背景と状況

- バブルの崩壊によって日本は不況に襲われ、日本経済は急速に縮小
- ビジネスパーソンの出張需要(B2B)が激減
- 出張という法人需要(B2B)を民間企業が創出することはできない

↓

JR東海が考え出した戦略

戦略1 B2B(出張)需要の落ち込みを補うために、新たにB2C需要の拡大に着手

戦略2 想定顧客はビジネスパーソンではなく、一般生活者に設定

戦略3 関東圏の人たちには「京都」、関西圏の人たちには「東京ディズニーランド」を旅行先と設定し、プロモーションを立案

6 顧客との関係づくりを強化し、需要を創造するプロモーション型の企業 ▼無印良品

顧客との関係を強化し、継続的な需要をつくりだす

景気後退によって企業の需要が落ち込んだ時、その企業がそれまで顧客とどのような関係性を築いてきたかによって、打てる手立ては大きく異なってきます。

自社商品を売りつけるだけの存在として顧客と付き合ってきた企業は、売ったらおしまい、買ったらおしまいの関係で互いが終始します。こうした企業は顧客データを持てずにいるケースが多く、必要な時に顧客に働き掛けができません。新型コロナウイルス感染拡大で需要が消失した業界が苦しんだ最大の要因は、顧客に対して個別にコミュニケーションする手段がなく、自ら手を打てないことでした。

その一方、顧客との関係づくりを重視する企業は、企業からの営業活動に留まらず、

顧客から寄せられた意見や提案を商品企画や店舗運営に生かすといった双方向コミュニケーションを行い、顧客との継続的なつながりを重視しています。平時に顧客とどう付き合ってきたかが、非常時に力を発揮するわけです。

2019年10月に消費税率が10％に引き上げられる前、2014年4月に8％に引き上げられました。この時も消費税増税前後に大幅な駆け込み需要とその反動が生じ、2015〜2016年にかけて日本の個人消費は低迷しました。国が増税に動く際は時期が明示されるので、企業はその対策を事前に打つことができるのですが、何も策を講じない企業も存在しました。

消費税の増税前に打てる手立てを講じた無印良品

無印良品がEC（電子商取引）に本格的に取り組みはじめたのは2000年で、店舗が近くにない顧客に向けた通販チャネルという位置づけに過ぎませんでした。当時はインターネットの普及率が低く、現在のように誰もがECで買い物をする状況ではありませんでした。ECの売り上げの伸びは緩やかにもかかわらず、同社サイトの閲覧者数は明らかに増加するという、同社には気になる現象が起きていました。

その理由を調査すると、サイトへの来訪者は購買のためだけに訪れるのではなく、「商品について事前に調べる」「新商品をチェックする」「セールやキャンペーン情報の収集」などを行っていることがわかりました。

リアルの店舗を持つ無印良品で、顧客は来店前に商品をサイトで調べ、あるいは問い合わせを行い、コミュニティと呼ばれるサイト上の機能を使って商品レビューや改善のためのアイデアを投稿するといった行動をとっていたわけです。顧客はECサイトと店舗を別々に使うのではなく、両者の機能を使い分けていたのです。

そこで同社は店舗とECを融合させるため、店頭で使用できるクーポンをメールで配布し、またECで購入した商品を店頭でも受け取れるようにしました。店頭で顧客が受け取る場合には、その売り上げは店舗側に計上できるようにもしました。**顧客の利便性を高めながら、店舗とECを連動させ、相互にメリットが生まれるように進めていきました。**

「GREE」や「mixi」というSNSが2004年に登場し、2008年にはTwitterが、2010年にはFacebookが上陸し、日本でもSNSの時代が本格的に始まります。さらに2007年にスマートフォンが登場したことで、SNSの利用者は急増し、生活者の行動は大きく変容していきます。

ここで新たな生活様式と購入行動が生まれます。SNSで友人や他人が投稿した商品を見て、自分も欲しくなった顧客は、ネットでその商品を検索。そして販売している店舗に出向いて購入し、自らも商品レビューをSNSに投稿するという一連の流れです。

社会がこうした動きを見せる中、無印良品は消費税増税後の対策として、来店客数や顧客単価を向上させる手立てを考えます。それが2013年5月に投入された**MUJI passport**です。

MUJI passportとはスマートフォンアプリのことで、このアプリが会員証になり、店舗やECで購入時に利用すると、金額に応じて「MUJIマイル」が加算される仕組みです。会員になると、「無印良品週間」と呼ばれる会員優待の期間中に、全商品10％オフの優待価格で買い物ができる特典が付与されます。

さらに店舗に行く前にこのアプリ経由で店舗のサイトにチェックインしたり、購入後に商品レビューをサイトに投稿したりすれば、ＭＵＪＩマイルが付与され、貯めたマイルは、購入時に使えます。

顧客がMUJI passportを通じて1日1回どこかの店舗にチェックインすると、無印良品側は顧客の位置情報がつかめます。またクチコミプラットフォームのmy MUJIにコメントすると顧客にはマイルが貯まり、同社にはそのコメントから商品購入後の使用感などを把握できるという仕組みになっています。

MUJI passportが持つ最大の機能は、「MUJI.netメンバー」「MUJI card」「ソーシャルメディアのアカウント（Facebook、mixi、Twitterで接続可能）」という3つのＩＤがつながる点です。

MUJI.netメンバーからはネットストアでの購入履歴が、MUJI cardからは店舗とネットの買い物履歴が把握できます。そしてFacebookなどのＳＮＳのアカウントとつながることで、「いいね！」をした人が買い物をしているかどうかまで把握できるようになったのです。

MUJI passportが備えるプッシュ通知を使えば、メルマガを購読していない顧客にも「無印良品週間」の告知が可能で、顧客の購入履歴が蓄積されると顧客に最適な個別のメッセージを送ることができます。マイルが貯まった顧客には、イベントに招待するといった施策も可能です。

MUJI passportは２０１６年当時の段階で、国内で既に５００万人が利用するまでに成長していきました。

MUJI passportが開発した機能により、ＳＮＳからサイト、サイトから店舗、さらには個別の顧客動向とその購入履歴まで、無印良品は把握することが可能になったのです。

無印良品が講じていった手立て

手立て 1 2000年から本格的にECに着手

手立て 2 無印良品サイトへの来訪者は購買だけでなく、「商品について事前に調べる」「新商品をチェックする」「セールやキャンペーン情報の収集」など、ECサイトと店舗の機能を使い分けていた

手立て 3 店舗とECを融合させるため、店頭で使用できるクーポンをメールで配布し、ECで購入した商品を店頭でも受け取れるようにした

手立て 4 消費税増税後の対策として、来店客数や顧客単価を向上させる手立てとしてMUJI passportを導入

手立て 5 MUJI passportは「MUJI.netメンバー」「MUJI card」「ソーシャルメディアのアカウント（Facebook、mixi、Twitterで接続可能）」という3つのIDがつながる

無印良品が創出した資源

MUJI passport が備えた機能により、SNSからサイト、サイトから店舗、そして個別の顧客動向とその購入履歴まで、無印良品は把握することが可能になった

不況に強い

6 無印良品（良品計画）のビジネスメソッド

不況時や消費低迷時に企業が直面する問題

問題1 顧客データを持てずにいる企業は、顧客に対して個別にコミュニケーションする手段がなく、必要な時に自ら手を打てない

問題2 消費税増税前後には大幅な駆け込み需要とその反動が生じ、個人消費は必ず低迷する

問題3 国が増税する際は時期が明示されるが、事前に何も対策を講じない企業がある

↓

時代の環境変化

- スマートフォンが登場し、SNSの利用者が急増
- SNSで他人が投稿した商品を見て自分も欲しくなった顧客が、ネットで商品を検索。店舗で購入し、自らも商品レビューをSNSに投稿するという新たな生活様式と購入行動が生まれる

※参考情報
良品計画は 2020 年 7 月 10 日、アメリカ事業を展開する連結子会社「MUJI U.S.A. Limited」が同日付でアメリカ連邦破産法第 11 章（チャプター 11）の適用を申請しました。アメリカ事業は高コスト体質になっており、再建に取り組んでいましたが、新型コロナの影響で 3 月 17 日から全店舗を閉鎖し、2 カ月以上収入がゼロの状態が続いていました。今後は不採算店撤退や賃料減額に向けた家主との交渉を進め、良品計画傘下のまま事業再建を図るとのことです。

対策 3 顧客との関係づくりを強化し、需要を創造するプロモーション型

異業種企業が活用したいポイント・オブ・ビュー

①インバウンド需要だけに依存せず、自ら需要促進策を実行する

需要は、自らの手で創出する必要があります。

政府は日本の魅力を知ってもらうために訪日外国人旅行者を増やし、観光庁を中心にインバウンド政策をこれまで実施してきました。

訪日外国人旅行者のプロモーション計画は、日本政府観光局（ＪＮＴＯ）が「ビジット・ジャパン事業」として取り組み、注力したのは、韓国、台湾、中国、シンガポール、フィリピンなどアジアの主要市場と、ロシア、ドイツ、フランス、アメリカなど欧米の主要な国々です。

ところがその実態は、中国など特定国の旅行者に集中してしまいます。台湾を見ればわかるように、中国は国として渡航先の制限を簡単に行えるため、観光需要が一国の力で簡単に左右されてしまうことは、大きなリスクになります。

今回のパンデミックでは観光需要そのものが消滅してしまい、観光業は大きな打撃を受けています。今後世界的な景気後退や自然災害などが起きれば、特定国に依存した観光需要は非常に危ういものになってしまいます。

自らの手で需要を創造できない業界では、特定国に過度に依存しないインバウンド対応が必要になります。そのために必要なことは、観光業などのサービス業は需要を失うことを想定し、これを少しでも防ぐ手立てを講じることです。

例えば、

- 国内の観光客の利用頻度を高めるリピーターづくり（CRM）
- SNSなどネットを活用した顧客データづくりとリマインド（利用するきっかけ）の

システムづくり

- 需要を促進するキャンペーン（ケンタッキーフライドチキンが実施した「今日、ケンタッキーにしない？」のような働きかけ）

などが必要になってきます。

②需要創造型プロモーションの立案と実施

顕在需要に対応していた企業は、顕在需要が縮小してしまうと、機動的に需要創造に動けない状況が多くなります。こうした時に必要になるのは、事業領域を拡張する対策を探ることです。

Ｂ２Ｂ（法人間取引・ビジネス需要）の鉄道や飛行機、ホテルや飲食店などの需要が後退すると、自分たちで需要を創造するには限りがあります。「そうだ出張に、行こう」と声を掛けても市場は動かないからです。

こうした時は視点を変え、Ｂ２Ｃ（一般生活者向け取引）という新たな需要を創造することはできないか、あるいはＢ２Ｃで顧客が減少しているなら、Ｂ２Ｂの領域で顧客を開拓できないか考えます。

事業構造を短期間に転換することが容易でない場合には、メディアやSNSを活用したコミュニケーションによって、需要刺激のキャンペーンなどプロモーション展開の可能性を探ります。

大規模な費用を必要とするマスメディアによる広告を使わなくても、インターネットを活用したプロモーションならすぐに取り組めるはずです。

需要促進プロモーション「8つの例」

● 新規需要を促すアプリを開発し、ダウンロードしてくれた人に限定したプロモーションを考えます。

● App StoreやGoogle Playなどのアプリストアで、自社アプリが検索上位にくるように対策を施すASO（App Store Optimization　アプリストア最適化）に取り組みます。

● SNSでインフルエンサーを活用して需要刺激に取り組みます。
● スマートフォンの位置情報サービスを活用し、割引クーポンの配布や特典の提供を知らせるプロモーションを実施します。
● 自社の公式Twitterアカウントをフォローしてもらい、キャンペーンツイートをリツイートして、アンケートに回答すると応募できるといった取り組みを用意します。
● 自社のECサイトをフォローしている顧客に限定したオファーやセールをECで実施します。
● ハッシュタグを活用した参加型キャンペーンを行います。
● クラウドファンディングを活用した応援プログラムを手掛けてみます。

などの取り組みが考えられると思います。

③サービス業同士の協働や継続的なタイアップ

サービス産業は、サービス業同士で顧客を紹介し合う協働プログラムを検討してみましょう。そのひとつの取り組みとして海外の五つ星ホテルのコンシェルジュと地元のサービス業との連携がヒントになります。

5つ星を中心にした海外のホテルには、コンシェルジュと呼ばれる専門職のホテリエがいます。

コンシェルジュたちは、宿泊顧客の要望に応え、

- 地元で行われるコンサートやオペラ、劇場のチケット手配を代行してくれます。普通なら入手が困難な場合でも、彼らは特別な調達ルートを持っている場合があります。
- ホテル周辺にあるお薦めのレストランや星付きレストランの紹介をしてくれます。人気店で予約が難しい場合には、その交渉も代行してくれます。
- ホテル滞在中に病気になった際には、医師やドラッグストア（薬剤師）の紹介や手配をしてくれます。
- 地元で人気のある美容院（例えば雑誌 Vogue で活躍しているヘアスタイリストなど）の紹介や予約を代行してくれます。
- 自宅やオフィスに荷物を送る際に必要になる梱包材の手配や郵送を手助けしてくれます。
- レンタカーやリムジンの手配を代行してくれます。
- お薦めの観光地や地元の人しか知らない穴場などの案内をしてくれます。
- ベビーシッターの紹介や手配をしてくれます。

このように広範囲にわたってコンシェルジュは宿泊客をサポートしてくれる人たちです。

ヨーロッパやアメリカなどでは、ホテルのコンシェルジュは評価されており、その認知度も高い存在です。コンシェルジュにはホテル以外のサービス業者からの連携やオファーが持ち込まれることがよくあります。

例えばホテルの近くに立地し、上質な顧客を送客してほしいレストランは、コンシェルジュたちを店舗に無料招待し、実際に試食してもらいます。そこで接客と料理に満足してもらえたら、宿泊客に自店を紹介してもらうという取り組みです。またホテルを探している顧客にはレストラン側がそのホテルを紹介し、相互にメリットを共有しています。

コンシェルジュ自身が実際に利用し経験していないと、いくら星を取っている店舗でもその良し悪しは判断できません。またコンシェルジュが個人で利用するには手が届かない料金では、彼らには縁遠い存在になってしまいます。こうした中でコンシェルジュを無料招待して体験してもらい、顧客に紹介してもらう取り組みは理にかなっているわけです。

一方日本では、ホテルのコンシェルジュに対する認識や知識を持つサービス業関係者は限られており、協働を働き掛ける企業はとても限られています。

またコンシェルジュが持つ飲食店などサービス業の情報は、ネット検索や雑誌の掲載情報が中心で、コンシェルジュ自身が実際に利用した経験を踏まえた紹介はほとんどなされていません。

今回のパンデミックによってサービス業はかつてない被害にあっています。**今後をにらんでサービス業同士の協働やタイアップに取り組む価値はあると思います。**

④顧客との関係性を強化する仕組みをつくって運用する

企業の業績は好不況に限らず、自然災害や事故、そして今回のような感染症の蔓延などにより大きな影響を受けます。売り上げが落ち込んで販促策を実施する場合、既存顧客のデータが整備されていれば、個別に最適なメッセージを発信し、購入を促すことができます。

また顧客の声を事業運営や商品企画に反映できれば、企業行動が最適化するだけでなく、顧客との関係も強化できます。

かつては顧客の声を聞くには調査をするほかなかったのですが、ネットとSNSが登場してからは顧客の感想や意見、提案を受け入れる仕組みは、容易に入手できるようになりました。

また顧客の投稿を促しながら、販売につなげるポイント付与の仕組みも既に存在しています。企業と生活者の相互にメリットが生まれるように取り組めば、両者の関係は確実に強化できます。普段から顧客との関係を強化し、難局に直面した際に自ら手立てを講じられるように準備しておきましょう。

⑤次のリスクに備える

新型コロナウイルスのさらなる蔓延や新たな感染症の出現、そして自然災害など、今後も確実に起こりうるリスクに対し、今回の教訓を生かすことが何より重要です。

被災や営業自粛によってリアルの店舗が営業できないことを想定し、ネットを活用してビジネスが行えるように、自社のネット環境を整備し、EC対応も強化していきましょう。

落ち込んだ需要を、取り戻せるようにどれだけ備えておくか。無印良品のように実店舗とECを融合させ、顧客の利便性を高めながら顧客の購入履歴を捕捉し、次の手立てに生かせるようにします。

今回直面したことを教訓に、打てる手立てを今から講じていきましょう。

参考資料

『そうだ 京都、行こう。』
ウィキペディア(Wikipedia)
https://ja.wikipedia.org/wiki/%E3%81%9D%E3%81%86%E3%81%A0_%E4%BA%AC%E9%83%BD%E3%80%81%E8%A1%8C%E3%81%93%E3%81%86%E3%80%82

『ユーザーエクスペリエンスのチカラ
良品計画「人に一番伝わるのはアナログの施策。デジタルが進んでも、顧客体験は20世紀型がいい」(第6回)』
日立システムズ
https://www.hitachi-systems.com/report/suggestion/ux/06.html

『政府が推進するインバウンド事業、政策の内容と目標は?』
株式会社アレンジ 2017年9月7日
http://www.arange.co.jp/inbound_government/

顧客との関係づくりを強化し、需要を創造するプロモーション型

バージョン・

Shortened cash conversion cycle
type 04

対策 4 キャッシュ・コン
サイクル短縮型

特徴

1. 企業が資金を回収する日数が短くなればなるほど、現金を生み出す力は強くなる。この財務指標をキャッシュ・コンバージョン・サイクル（CCC）と呼び、CCCの短縮は企業の競争力強化に直結する
2. CCCが短い企業は、支払いよりも販売代金を先に入手できる仕組みを生み出している

モデル企業

- Apple
- Amazon

❼ キャッシュ・コンバージョン・サイクル短縮型の企業▼Apple

フリーキャッシュフローは毎年500億ドルを超え、CCCはマイナス74日

▼現金を生み出す力が強い企業は、キャッシュ・コンバージョン・サイクルが短い

景気後退によって企業が苦しむのは、売り上げが急速に落ち込み、固定費の負担が重荷になるからです。こうした時、企業にどれだけ手元資金があるかが問われてきます。企業の価値を決め、その体力を測る物差しになるのは、「**フリーキャッシュフロー（純現金収支）**」と呼ばれる、企業が自由に使える資金の多寡です。

営業活動によって得た「営業キャッシュフロー」から、事業を維持するために支出する「投資キャッシュフロー」を差し引き、そこで残った金額が「フリーキャッシュフロー」です。

フリーキャッシュフローに計上される資金は、借り入れの返済はもとより、新規事業や研究開発への投資、株主への配当や自己株の取得などその用途に制約はありません。フリーキャッシュフローは企業価値を決めるとともに、景気の後退で営業キャッシュフローが減少しても、企業を維持できるかどうかを判断する目安にもなるのです。

企業の業績が悪化しても、回復が早くなるかどうかを判断するもうひとつの要素として浮かび上がるのが、**キャッシュ・コンバージョン・サイクル（CCC）**という指標です。

CCCとは企業が資金を回収するスピードを示す財務指標で、期中の売掛金と在庫の回転日数の合計から、買掛金の回転日数を差し引いて計算します（詳細は後述）。この日数が短くなればなるほど、現金を生み出す力が強いことになります。

現金を生み出す力が大きければ、企業が自由に使えるフリーキャッシュフローは潤沢になります。企業の資金力を増やして他日に備えることはもとより、研究開発や販売促進策に機動的に資金を投入できるため、ＣＣＣの短縮は企業の競争力強化に直結します。

Apple は２０１４年から２０１９年までフリーキャッシュフローは毎年５００億ドル（１ドル１０５円換算で５兆２５００億円）を超えており、手元資金が潤沢な企業です。Appleがそうなっている理由は営業キャッシュフローが大きい上に、投資キャッシュフローがプラスになっているためです。

本来、投資キャッシュフローは設備投資やＭ＆Ａ、研究開発などに投資して、資産は流出していきます（マイナスになります）が、Appleはそうした投資を行っても所有する有価証券の売却や償還によって、投資キャッシュフローがプラスになっています。

Appleの営業キャッシュフローが大きく、手元資金が潤沢な理由は、やはりＣＣＣが短いことです。

ＣＣＣは、原材料や商品を仕入れ、販売してから代金が入手できるまでの平均期間を意味し、この日数が短ければ現金を早く回収でき、手元資金が増えることになります。

CCCを求める式は、
CCC＝売上債権回転期間＋棚卸し資産回転期間－仕入れ債務回転期間
となります。

●売上債権回転期間とは、
販売してから代金を回収するまでの平均期間のことで、これが回収サイトです。
売上債権回転期間を求める式は、
売上債権回転期間（日）＝売上債権（受取手形＋売掛金）÷（売上高÷365日）
となります。

●棚卸し資産回転期間とは、
商品を仕入れてから販売するまでの平均期間のことで、商品の在庫期間のことです。
棚卸し資産回転期間を求める式は、
棚卸し資産回転期間（日）＝棚卸し資産÷（売上原価÷365日）
となります。

●仕入れ債務回転期間とは、

商品を仕入れてから代金を支払うまでの平均期間で、支払いサイトのことです。

仕入れ債務回転期間を求める式は、

仕入れ債務回転期間(日)＝仕入債務÷(売上原価÷３６５日)

となります。

Appleの CCCは「マイナス74日」と、支払いよりも販売代金を先に入手できています。この理由は、棚卸し資産回転期間が10日(10日分の在庫しか持たない)に過ぎず、仕入れ債務回転期間が１１２日と長いためです。仕入れ先への支払いを長くできるのは、Appleの調達規模と金額が大きい(調達規模が大きいので、仕入れ先に我慢させている)からです。

Appleの CCCは当初からマイナスだったわけではなく、１９９3年から１９９6年にはプラス70日程度ありました。スティーブ・ジョブズが Appleに復帰してから自社の CCCの長さを問題視し、この解決にあたったのが現CEOのティム・クックです。ティムが取り組んだ解決策は、**外部企業に生産を委託するファブレスメーカー化を進め、**

無駄な在庫や旧製品を抱える必要をなくすという方法でした。

AppleがCCCを短縮化するために取り組んだ解決策

ティム・クックがCCCを短縮するために取り組んだ解決策は、外部企業に生産を委託するファブレスメーカー化で、無駄な在庫や旧製品を抱える必要をなくすという方法

Appleの現在の財務状況

状況1 Appleは2014年から2019年までフリーキャッシュフローは毎年500億ドルを超え、手元資金が潤沢でCCCが短い企業になった

状況2 AppleのCCCは「マイナス74日」と、支払いよりも販売代金を先に入手できる

状況3 Appleは設備投資やM&A、研究開発などに投資しても、所有する有価証券の売却や償還によって、投資キャッシュフローがプラスになっている

不況に強い

7 Appleのビジネスメソッド

強い企業の条件

- 条件1 売り上げが急速に落ち込むと、企業は固定費の負担が重荷になる
- 条件2 企業にどれだけ手元資金があるかは「フリーキャッシュフロー」を見る
- 条件3 企業の業績が悪化しても、回復が早いかどうかを判断するもうひとつの要素がキャッシュ・コンバージョン・サイクル（CCC）という指標
- 条件4 CCCの日数が短くなればなるほど、現金を生み出す力が強い
- 条件5 企業の資金力を増やせれば、他日に備えることができ、さらに研究開発や販売促進策に機動的に資金を投入できるため、CCCの短縮は企業の競争力強化に直結する

↓

かつてのAppleの財務状況

- AppleのCCCは1993年から1996年にはプラス70日程度だった
- スティーブ・ジョブズがAppleに復帰した折にCCCの長さを問題視し、この解決にあたったのが現CEOのティム・クック

8 キャッシュ・コンバージョン・サイクル短縮型の企業▼Amazon

CCCはマイナス34日で、大胆な投資が可能になる

Appleに並んでCCCがマイナスの企業には**Amazon**もあります。Amazonの2017年度のCCCはマイナス34日です。

世界の時価総額トップ5のGoogle、Apple、Facebook、Amazon、Microsoftのうち、Amazonを除く4社の営業利益率は25％以上あります。その一方Amazonの営業利益率は2・3％に過ぎないのですが、この理由は研究開発に多大な費用を投資しているからです。Amazonは2017年度に2兆5000億円を研究開発に投入していますが、これは世界の企業の中でもずば抜けて巨大な金額で、トヨタ自動車が研究開発費に拠出する金額のおよそ2・5倍に相当する規模です。

Amazonにこの投資を可能にさせているのが、マイナス34日のCCCです。その内訳を見ると「売上債権回転日数27日＋棚卸し資産回転日数52日－仕入れ債務回転日数113日＝マイナス34日」で、支払いまでの日数が113日後と非常に長いことです。この理由を成毛眞氏はAmazon以外の業者でも出品できる「マーケットプレイス」の仕組みにあると指摘しています。

顧客がAmazonを利用すると、その支払いは注文した時点でAmazonにはすぐに入金されます。マーケットプレイスの出品者は、注文を受けてから商品を配送します。

Amazonはマーケットプレイスの売り上げから手数料を差し引いた代金を、数週間後に出品者に支払います。**Amazonが出品者に支払うまでの間、この支払金は預かり金という形になり、Amazonにとって無利息で運用可能な資金になります。CCCがマイナスになる要因は、ここにあるわけです。**

マーケットプレイスの売り上げが拡大すればするほど、キャッシュは増えて余裕が生まれ、Amazonはさらに大胆に投資できることになるというサイクルです。

AmazonのCCCが短い理由

理由1 支払いまでの日数が113日後と非常に長くできる理由は、「マーケットプレイス」の仕組みにある

理由2 Amazonはマーケットプレイスの売り上げから手数料を差し引いた代金を、数週間後に出品者に支払うが、出品者に支払うまでの間、この支払金は預かり金になり、Amazonにとって無利息で運用可能な資金になる

理由3 マーケットプレイスの売り上げが拡大すればするほど、キャッシュは増えて余裕が生まれ、Amazonはさらに大胆に投資できる

不況に強い

8 Amazonのビジネスメソッド

GAFAの営業利益率

- 世界の時価総額トップ5のGoogle、Apple、Facebook、Amazon、Microsoftのうち、Amazonを除く4社の営業利益率は25%以上あるが、アマゾンの営業利益率は2.3%に過ぎない
- Amazonの営業利益率が低い理由は、研究開発に多大な費用を投資しているから

↓

Amazonが巨額の研究開発費を拠出できる理由

理由1　Amazonは2017年度に2兆5000億円を研究開発に投入し、これはトヨタ自動車の研究開発費のおよそ2.5倍に相当する規模

理由2　AmazonのCCCがマイナス34日であることが、巨額な投資を可能にしている

対策 4 キャッシュ・コンバージョン・サイクル短縮型

異業種企業が活用したい ポイント・オブ・ビュー

①CCCを短くする事業モデルを構築する

企業は横並び発想を捨て、この機会に大胆な独自性を発揮することが求められます。

Amazon や Apple は商品を仕入れて販売し、代金を回収するまでのCCCがマイナスで、いわば製品をつくる前や販売する前からお金が入って来る仕組みになっています。

これなら運転資金を金融機関から借り入れる必要はなく、手元資金は潤沢になります。

さらに商品開発や設備投資、販売促進にその資金を投入し成長を続けていけることにもつながります。

ちなみにWalmartのCCCはプラス約12日（2017年レベル）で、同社の2019年1月期決算の売上高は5144億ドル（約54兆円）ですから、この売り上げの12日分は約1・8兆円にも上り、この費用を自己資金か借り入れで補う必要が出てきます。

CCCをマイナスにしやすい企業は、リアルよりもネットを利用する事業モデルのほうが向いているようです。そのためGoogleは「Google Play」、Appleは「App Store」、そしてWalmartも「Walmart Marketplace」を開設し、ネット事業を通じてCCCの短縮化に取り組んでいます。

2020年にAmazonは月額制サービスAmazon Primeの会員数が1億5000万人を超えたと公表しましたが、日本では4900円、アメリカで119ドル（1万2495円）、イギリスで79ポンド（約1万2000円）の年会費と、1億5000万人ものヘビーユーザーをAmazonは資源として持っているわけです。

Amazon Primeの仕組みは、実はCostcoの会員制度を学んで誕生しています。Costcoは会員制倉庫型店舗として事業を始めました。利用する人は会員になるために年会費を支払います。年会費を支払った会員には、年2回の専用「パスポート」と、クーポンブックの「ウォレット」が送られてきます。Costco は会員特典を増やすことで、ロイヤルティの高い顧客を増やしていきました。

2001年にジェフ・ベゾスは Costco の創業者ジム・シネガルを訪ね、同社の会員制サービスについて詳しく話を聞きました。**ここでベゾスは、小売業とは顧客との継続的で強固な関係をつくり上げることが不可欠であることを、Costco の会員制ビジネスから学んだのです。**

今回のパンデミックではどの企業も大幅な売り上げの低迷に直面し、資金繰りに苦労しています。これを機会に、自社のCCCを短くできる事業とその取り組み方法を見いだすことが必要になるでしょう。

CCCを短くするための取り組み視点としては、

- 現在の事業と並行して、ネットを使った事業を展開できないか検討してみましょう。

- 「モノを製造して販売して収益を上げる」という製造業の課金方式だけでなく、継続的に顧客との関係を続けながら収入も継続化する「利用した量や回数、日数に応じて課金するサブスクリプション方式」が導入できないか考えてみます。
- 通常の購入よりも特典が豊富な会員制度を設けて、売り上げを事前に確保する方法がないかを検討してみます。
- 無料会員と有料会員とでは明らかにメリットが違う会員制度をつくり、有料会員に乗り換えてもらう仕組みを用意します。

こうした視点を参考にして、できるところから取り組んでみてください。

②ファブレス化と垂直統合を同時に進める

「アップルは自社工場を持っていない」ので利益が出るといわれたことがありました。工場を持つと儲からないと喧伝され、生産工場を手放す日本企業も現れたほどです。ところが今回のパンデミックでは中国に依存したサプライチェーンが機能しなくなり、国内で必要な衛生用品や住設機器、自動車部品などが入手できない事態に陥ってしまいました。

Apple は自社の工場を持たないファブレス化を進めながら、その一方でOS（基本ソフト）は自前で開発し、「iTunes」は自社で運営し、販売店として Apple Store を所有するなど、垂直統合も並行して行っています。

ところが日本のメーカーは、Google の「Android」や Microsoft の「Windows」のOSを利用し、販売チャネルは家電量販店や他社のEC（電子商取引）サイトに依存し、独自のOSやプラットフォームの開発や販路開拓などはほとんど行っていません。

事業の主要部分を他社に依存してしまうと、今回のような緊急事態では機動的に動けません。国内と海外それぞれに調達先を見いだしつつ、主要部分は自社対応しながらリスクを回避し、そこで収益力を上げる方法を研究してみましょう。調達コストの低減だけに目を奪われないことです。

③自社の強みにフォーカスして、そこに注力する

Appleは「自社の強み・弱みを認識し、ひとつのことにフォーカス」する経営を徹底しています。企業と組織の規模が大きくなっても、その方針に今も忠実です。Appleの商品数はiPhone・iPad・MacBookなどに絞り込まれ、コンピューター・コンシューマー電子機器・ソフトウェア販売・ダウンロード販売・クラウド事業と、「5つの事業」に集中化させています。

組織が大きくなるとその体制は複雑化し、動きが鈍くなり、責任の所在が曖昧になります。大規模化すると、尖った意見は丸くなり個性は希薄化していきます。さらに商品数がとめどなく増えてしまい、体力が分散化してしまう可能性もあります。パンデミック以前から日本のメーカーに指摘されてきたこれらの点は、今も多くの企業に共通する課題です。

ハーバード・ビジネス・スクール教授のマイケル・E・ポーターは、企業にとって最悪の失敗とは「他社と同じ商品・サービスを持って、競争のただ中に飛び込む行為」だ

と指摘しています。製品機能については「もし、顧客の全てのニーズに合致し、なおかつ最高のものを提供しようとするなら必ず失敗する。なぜなら個性を持つ多数の顧客に万能の『最高』など存在しないからだ」と警鐘を鳴らしています。

真に強い企業をつくり出すためには**「どうやったら他社と違ったやり方を創造できるか。どうやったら顧客にとってユニークな利得を生み出せるか」について、組織を挙げて追求することだ**とも指摘しています。

ポーターは、企業が高い競争力を築くには、

- 高い価格を顧客に要求できる能力（日本企業はブランド化を含めてこの領域が苦手です）
- 低いコストで圧倒的なポジションを築くことだとも指摘しています。

この機会に「業界の横並び発想」「総合化」「多品種」「業界価格設定」など過去の延長線上にある価値観を見直し、自社の強みにフォーカスしてみましょう。横並び発想を

変えると、価格の設定もおのずと柔軟に行うことができるはずです。

④設計の段階でコストを抑える発想を取り入れる

メーカーは設備・治具・技術を変えないように取り組めば、固定費の増大を防ぐことができるといわれています。Appleの製品群は商品数を絞り込み、製品の画面サイズやボタンのサイズ、音量ボタンの位置などを大きく変更せずに済ませてきました。設計の段階で、コストを抑える発想が生かされているわけです。

淘汰されてしまった日本の携帯電話メーカーは機種の種類が多く、画面サイズもまちまちで、他の機種と共用化もされていませんでした。メーカーは設計の段階で、将来を見据え、コストを抑えられる商品デザインに取り組む視点を持ちましょう。

⑤価格の安さだけでなく、リスクを踏まえたサプライチェーンの構築

2020年4月10日に自動車工業4団体は合同会見を実施し、そこで日本自動車工業会会長の豊田章男氏は次のように話しました。以下はその要約です。

国内生産にこだわり、残したもの

リーマン・ショックと、その後に起きた東日本大震災……苦しかった当時、私は、国内生産に強くこだわりました。そのことに対し、多くの方から経済合理性からすれば、国内にとどまるのは間違いであるとご指摘いただいたことを、今でも、覚えております。

震災の後、東北の〝真の復興〟のためには、一過性の支援ではダメだと、東北に新たな自動車車体の企業を設立し、モノづくりの学校もつくりました。クルマづくりを根付かせていこうと、息の長い復興支援を目指したものでした。

あれから9年が経った東北の姿を見てみますと、当時500億円だった自動車の出荷額は、今、16倍の8000億円に増加いたしました。また、部品メーカーを中心とした仕入れ先企業は、当時の約100社から170社に増え、人口流出の多い地方でありながら就業人口を3000人増やすこともできております。

これは、本日、一緒に並んでいる自動車4団体が一丸となって、東北の復興に取り組み、実現してきた姿です。そして、東北には、新しい技術や技能が生まれています。その技は伝承されていき、それを習得した人が、また次の人を育てていっています。そうして、自らの働ける場所を維持し、発展させてきました。あの時、日本のモノづくりを残すんだと決意し、国内生産にこだわったことは、間違いではなかったと思っております。

コロナ対応で改めて心に刻んだこと

今回、コロナの脅威を前に、われわれは必要なものが思うように手に入らないという状況に陥りました。例えば、マスクも、そのひとつですし、医療用シールドも、そうです。こうなった時に自分たちで、必要なものをつくれることの大切さに、われわれは、改めて気がつきました。

なぜつくれるのか？　それは日本にモノづくりが残っていたからです。リアルなモノづくりの現場は、絶対に失ってはいけないんだと改めて、強く心に刻みました。

（要約は以上で終わりです）

今回の教訓を生かして事業に取り組む時、日本企業は目先の安さだけに目を奪われず、また特定国からの供給に依存せずに、国内でモノづくりの体制と仕組みを残す必要性を、豊田氏は指摘しています。これは工業製品に限らず、食料品や生活必需品の調達先や調達方法についても共通する視点だと思います。

参考資料

『資金回収スピード CCC改善　アップル復活の礎に　ニッポンの企業力　第3部 製造業の明日(1)』
日本経済新聞 2012年1月17日
https://www.nikkei.com/article/DGXNASGD11053_S2A110C1SHA000/

『主要米国企業のCCCを確認してみた　アップルが最強だった!』
Grow Rich Slowly　シーゲル流米国株投資で億万長者になる! 2019年7月9日
https://growrichslowly.net/insight-from-ccc/

『アップルは「10日分の在庫」しか持たない、だから儲かる』
ダイヤモンドオンライン 2020年2月22日
https://diamond.jp/articles/-/229645

『アップル：なぜ高い収益性を維持できるのか、禁断の果実は世界最高のビジネス?』(後編)
マネクリ 2020年2月25日
https://media.monex.co.jp/articles/-/13457

『amazon 世界最先端の戦略がわかる』成毛眞著
ダイヤモンド社刊 2018年8月9日発行

『アマゾンのCCCマイナスの秘密』
株式会社オントラック
https://ontrack.co.jp/finance/%E3%82%A2%E3%83%9E%E3%82%BE%E3%83%B3%E3%81%AEccc%E3%83%9E%E3%82%A4%E3%83%8A%E3%82%B9%E3%81%AE%E7%A7%98%E5%AF%86/

『アマゾンの強みの一つであるCCC（キャッシュ・コンバージョン・サイクル）』
よしぞうの投資ライフ（億越えの次へ）
２０１９年３月29日
http://blog.livedoor.jp/yosizoukabu/archives/53379762.html

『Amazonプライムの特典の多さ コストコの「会員制」にヒントを得た？』
プレジデントオンライン ２０１９年７月14日
https://news.livedoor.com/article/detail/16771936/

『国によって異なる「プライム会員の年会費」や「プライム特典」』
iSchool ２０１９年４月12日
https://ischool.co.jp/2018-04-24/

『米Amazon、有料プライム会員数が１・５億人突破。売上高９兆円超え、過去最高』
Engadget 日本版 ２０２０年１月31日
https://japanese.engadget.com/2020/01/31/amazon-1-5-9/

『ウォルマート18年度の売上高は56兆円超 ECと米国内事業が好調』
ＷＷＤ ２０１９年２月27日
https://www.wwdjapan.com/articles/811012

『利益率３割 日本企業が失ったアップル大もうけのカギ』
日経テクノロジー オンライン ２０１５年10月21日
https://www.nikkei.com/article/DGXMZO92370510S5A001C1000000/

『不況脱出のカギは〝ユニーク&オリジナル企業〟』
MONOist ２００９年３月23日
https://monoist.atmarkit.co.jp/mn/articles/0903/23/news093.html

『自動車工業４団体の共同メッセージ。豊田自工会会長「今、われわれができることは、３つです」自工会会長の豊田章男氏の冒頭あいさつ全文公開』
Car Watch ２０２０年４月10日
https://car.watch.impress.co.jp/docs/news/1246407.html?fbclid=IwAR2LBuXajO3Ej1VORqrPj0-RsKX1t7cPuUscKayjEDFqL9OOcO99MekcZNU

ピンチは
チャンスだ！
コロナ
リーマンショック

Recession proof
type 05

対策 5 不況逆手型

特徴

1 競合が意思決定できないタイミングで、一気に資金を集中投下する

2 好況の時は投資を半分に抑え、不況になったら投資を2倍にして土地や建物を積極的に取得していくという「世間とは逆を行く」発想起点に立つ

モデル企業

▶ アパグループ

▶ ニトリ

9 不況逆手型の企業▼アパグループ

不況期には地価が下落する都心の一等地に進出する

企業の力は、好況期よりも不況期に見えるものです。どの企業も萎縮する景気の後退期にどう動くかで、飛躍する企業になれるかどうかが決まります。また平時にどれだけ他日に備えていたかも、その時、問われてきます。

アパホテルは強度偽装問題で銀行から借入金の返済を求められ、自社の資産を売却して返済しました。しかし返済した後にも資金が手元に残っていたため、直後のリーマン・ショックで暴落した土地をこの資金で入手し、成長につなげます。その経緯は次のようなものです。

リーマン・ショックが起きる前年の2007年、建物の構造計算書を偽造した耐震強度不足が社会問題になり、**アパグループ**にも強度不足のホテルがあったため、銀行は借入金の返済を求めました。そのため同社はホテル建設のために取得していた土地を売却し、借入金の返済に充てました。

直後にリーマン・ショックが起きて地価が暴落しましたが、ファンドバブルの時に不動産を売却したことが幸いし、借入金を返済しても同社には手元にまだ資金が残ったのです。

リーマン・ショックの直撃を受けたマンションデベロッパーは、銀行から土地を手放すように指導され、銀行の〝貸しはがし〟が行われました。

逆にアパグループは手元にある余剰資金を使って、都心部の土地を購入していきました。都心部に集中したのは、リーマン・ショック後に地価が最も下落したのが都心の一等地だったからです。不況に襲われ、地価が高く、投資リスクのある都心に競合他社が攻めてこないことも好材料になりました。

アパホテルは、北は池袋、南は品川、西は新宿、東は浅草と都心の一等地に絞って出

競合他社の動き

不況のために、地価が高く投資リスクのある都心に競合他社が攻めてこなかった

その後の推移

- 当時は現在の3分の1から4分の1の値段で買えた物件もあった
- 当時入手した都心の土地はその後全て値上がりした
- この時下された経営判断が、現在のアパホテルの都心での占有率の高さを物語る

アパグループの戦略

競合が意思決定できないタイミングで、一気に資金を集中投下するのが同社の戦略

不況に強い

9 アパグループのビジネスメソッド

時代背景

- リーマン・ショックが起きる前年の2007年、建物の構造計算書を偽造した耐震強度不足が社会問題になり、アパグループにも強度不足のホテルがあり、銀行は借入金の返済を求めた
- リーマン・ショックによって、マンションデベロッパーは銀行から土地を手放すように指導され、銀行の"貸しはがし"が行われた

↓

当時の経験から得た知見

知見1 リーマン・ショックによって地価が暴落したが、ファンドバブルの時に不動産を売却していたため、借入金を返済しても手元に資金が残った

知見2 リーマン・ショック後に地価が最も下落したのが都心の一等地だったため、手元の余剰資金を使って、都心部の土地を購入

知見3 地価が最も下落した場所はその後値上がりすると考え、北は池袋、南は品川、西は新宿、東は浅草と都心の一等地に絞って出店

店していますが、地価が最も下落した場所はその後値上がりすると考えてのことでした。

当時は現在の3分の1から4分の1の値段で買えた物件もあり、全ての土地はその後値上がりしています。

この時下された経営判断が、現在のアパホテルの都心での占有率の高さを物語っています。競合他社が意思決定できないタイミングで、一気に資金を集中投下するのが同社の戦略だったのです。

⑩ 不況逆手型の企業▼ニトリホールディングス

世間とは逆を行く発想起点に立つ

不況をチャンスととらえ、バブル崩壊からリーマン・ショック後の不況期にも成長を続け、先を読んで行動している企業がもう1社あります。**ニトリホールディングス**（以下ニトリと表記）です。

ニトリは「いかに安く商品を提供するか」を徹底して追求し、問屋経由でなくメーカーから直接仕入れる方法に切り替え、1985年のプラザ合意による円高を契機に、海外から安く調達する方法を実践しました。その結果、ニトリが開発した輸入品の比率は90％以上を占めるまでになっています。

手頃な価格と高い品質・機能を両立させるために、同社では従来の製造小売業の事業モデル（SPA）に留まらず、物流機能を付与し、商品の企画から原材料の調達、そして製造・物流・販売に至る一連のプロセスを、「製造物流小売業」という仕組みにして確立していきました。

バブル崩壊からリーマン・ショック後の不況を経ても成長を続けられた理由として、似鳥昭雄会長は「世間とは逆を行くことだ」と指摘しています。

好況と不況は繰り返します。バブル時は土地や建物の価格は倍以上に上がりますが、不況になれば半値になります。このサイクルを理解してから、**好況の時は投資を半分に抑え、不況になったら投資を2倍にして土地や建物を積極的に取得していくという決断を下します**。

バブルが崩壊した1993年に、土地と建物は3割から5割まで値下がりしましたが、そのタイミングでニトリは北海道から本州に進出を果たします。

ニトリは2008年9月に引き起こされたリーマン・ショックを予見し、その備えもしていました。2008年の年明けには手持ちの外国債券を全て売却し、5月には取り扱い商品の1000品目で値下げ宣言を行い、想定を大きく超える規模で売り上げを伸ばしていきました。さらにリーマン・ショック以降、3カ月おきに波状的に値下げを行い、さらなる好業績につなげます。

先を読む秘訣は、次に景気が悪くなるのはいつかを、常に調査し続けることだとし、景気が悪くなったほうが、ニトリにとってはチャンスが多いと似鳥会長は指摘しています。投資が容易になり、優秀な人材が採用できるからです。逆に景気が良い時は好材料が生まれないとも言及しています。

好況時には、同業他社も業績は向上します。不況下では競争相手の業績は下降し、場合によっては倒産する場合もあります。そんな中でニトリは不況を経るごとに、市場占有率を向上させていきました。

同社が景気の先を読む具体的な方法として実践しているのは、米国経済の定点観測です。同社では毎年5月と10月の年2回、米国の市場動向を知るため視察に赴き、年間におよそ1200人の社員がアメリカで研修を行っています。

ニトリが実践してきた行動

行動1 バブルが崩壊した1993年に、土地と建物は3割から5割まで値段が下がり、そのタイミングでニトリは北海道から本州に進出

行動2 ニトリはリーマン・ショックを予見し、2008年の年明けに手持ちの外国債券を全て売却。5月には取扱商品の1000品目で値下げ宣言を行い、売り上げを伸ばす

行動3 リーマン・ショック以降3カ月おきに波状的に値下げを行い、さらなる好業績につなげる

行動4 景気の先を読む具体的な方法として実践しているのが、米国経済の定点観測。アメリカの現状を見れば、日本の10〜15年先が見えてくる

ニトリの現況と今後注目している動向

- ニトリは不況を経るごとに、市場占有率を向上させていった
- 近年同社が注目しているのは、ネット企業はリアルを強化し、リアル企業はネットを強化するトレンド

不況に強い

10 ニトリのビジネスメソッド

同社が目指して実現したビジネスモデル

手頃な価格と高い品質・機能を両立させるために、従来の製造小売業の事業モデル(SPA)に留まらず、物流機能を付与し、商品の企画から原材料の調達、そして製造・物流・販売に至る一連のプロセスを、「製造物流小売業」という仕組みにして確立

↓

過去の経験から得た知見

- 知見1　好況と不況は繰り返す。バブル時は土地や建物の価格は倍以上に上がるが、不況になれば半値になる
- 知見2　好況の時は投資を半分に抑え、不況になったら投資を2倍にして土地や建物を積極的に取得していく
- 知見3　先を読む秘訣は、次に景気が悪くなるのがいつかを、常に調査し続けること
- 知見4　景気が悪くなったほうが、投資が容易になり、優秀な人材が採用できるので、ニトリにとってはチャンスが多い
- 知見5　景気が良い時には、好材料が生まれない

アメリカは世界経済を牽引し、時代の最先端にいます。アメリカの現状を見れば、日本の10～15年先が見えてくるので、半年ごとにアメリカを訪れ、その変化と潮流を感じることが大事だとも指摘しています。

近年同社が注目しているのは、ネット企業はリアルを強化し、リアル企業はネットを強化するトレンドです。Amazonは食品スーパーのWhole Foodsを傘下に収め、他方WalmartはM＆Aによってネット分野の新興企業を傘下に入れてノウハウを蓄えています。ネットとリアルの巨人同士がお互いの得意分野を侵食し、その一方で家電量販店や書店の中には倒産する企業が出てきています。アメリカで起こったことは、日本はもとより世界に伝播していくと、同社は見ているのです。

ちなみにニトリホールディングスは2020年3～5月期決算を6月25日に発表し、売上高は1737億円で前年同期比3・9％増となりました。緊急事態宣言によって最大で110店舗が臨時休業しましたが、リモートワーク用の家具の販売が伸び、またEC（電子商取引）も好調に推移しました。営業利益は前年同期比で22・3％増の372億円。通期では34期連続となる増収増益を見込むと公表されています。

対策
5
不況逆手型

異業種企業が活用したいポイント・オブ・ビュー

①仕事の仕組みが変質する中で、ITへの投資は継続し、社内システムを高度化する

企業は躊躇せず、デジタルトランスフォーメーション（DX）を推進する必要があります。

過去の景気後退期に企業はどこもコストの削減に取り組み、特にIT部門の人件費や保守運用の外部委託費を削ってしまいました。社内システムの担当者数が大幅に減らされた結果、常駐する技術者が限られてしまったのです。もしこの状態で数少ない要員が新型コロナウイルスなどに感染し職場を離脱したら、社内システムは機能不全に陥ってしまいます。

旧来のビジネスモデルを続ける製造業などでは、老朽化した基幹系システムの刷新が後手に回っています。仕事の仕組みが過去のままに継続されているのは、社内システムを高度化する必要性に経営者や管理職層が気づかずにいるためです。若手社員と違い、ITを使いこなせずにいることも要因のひとつです。

DXは単にAIやIoT（モノのインターネット）などのデジタル技術を活用することではなく、「製品やサービス・ビジネスモデルを変革する」ことに加えて、「業務や組織・プロセス・企業文化や風土」を変革することまでを意図しています。

今回のパンデミックは、リモートワークに代表されるように仕事の取り組み方を大きく変質させました。大企業はもとより中小企業でもDXを推進することは避けて通れなくなっています。DXを進める中で、IT部門の保守運用業務の効率化は必要ですが、規模にかかわらず全ての企業にとってITへの投資は欠かせません。社内システムを高度化せずにいると、長期的に見て企業の成長を阻害することになるのです。

②異業種と連携して、巨大企業が狙わない市場と規模を追求する

景気後退期には、限られた強い企業が、さらに強い影響力を持つ傾向が増していきます。彼らは低迷するライバル企業よりも多額の投資をするか、ライバルを買収することで、市場シェアを拡大していくからです。

利益率や手元流動性が高い巨大企業は、不況期には資本の調達コストが低下するメリットを生かし、競合企業が投資を削減していても、投資を続けられる体力があります。彼らと仕事をするサプライヤーも、脆弱な企業よりも強い企業にすり寄ってしまう傾向があります。

しかしAppleの事例を見るまでもなく、巨大企業との仕事はいつまでも安泰というわけにはいかず、サプライヤー契約をいつ切られてもおかしくないリスクを抱えることになります。

こうした時に取るべき施策は、

●手間が掛かる上に市場規模が限られ、利益率が高く、自社の優位性が発揮できる領域に集中することです。販売価格や卸価格が何年も維持できている商品領域や事業領域を調べてみると、その市場が見つかるはずです。

●販売価格を自社でコントロールできる独自の販路を構築しましょう。ニトリに限らず成長している企業はモノづくりだけでなく、自社で販路を開拓し、ECも含めて販売方法も多様化させ、そして高度化しています。

長期にわたって弱体化している企業の要因のひとつとして、販路を他社に依存している点が挙げられます。アフターコロナこそ、こうした弊害を取り除く取り組みに着手する好機ととらえましょう。

●製造業などリアルの企業はネットビジネスに長けたネット企業と、モノを持たないネット企業はリアルの企業と、提携や連携を行い、新たな取り組みを図るという発想があります。両者の強みを生かしたビジネスができないか、検討してみる価値があると思います。

これらの視点を参考にして、手立てを検討してみてください。

参考資料

『アパグループ代表が断言「寡占化一番乗りを目指す」』
日経ビジネス 2019年9月4日
https://business.nikkei.com/atcl/gen/19/00069/090200009/

『ニトリが不況を経るにつれ成長した理由、似鳥昭雄会長に聞く』
NEWSポストセブン 2019年5月12日
https://news.livedoor.com/article/detail/16445814/

『新型コロナで世界同時不況の恐れ、でもIT予算だけは絶対に減らすな』
日経クロステック/日経コンピュータ
2020年4月2日
https://xtech.nikkei.com/atcl/nxt/column/18/00849/00020/

ャルの融合最適型

Fusion of real and virtual optimal
type 06

対策 6 リアルとバーチ

特徴

1. 自社製品を売り切るのではなく、販売した後にネットを使ったサービスを、サブスクリプション（定額課金モデル）で提供するビジネスモデル（SaaS Plus a Box　ソフトウエア・アズ・ア・サービス・プラス・ボックス）を活用する
2. 店頭では販売しない戦略でリアルとバーチャルを最適化させ、D2C（ダイレクト・トゥ・コンシューマー）をつくりあげる

モデル企業

- Peloton（ペロトン）
- Bonobos（ボノボス）

⑪ リアルとバーチャルの融合最適型の企業▼Peloton（ペロトン）

画期的な方法でリアルとネットを融合させた

リアルのビジネスはネットの領域に、ネットのビジネスはリアルの領域に、多くの企業はそれぞれに事業を拡張する取り組みを推進。両者を融合させるオムニチャネルの取り組みも拡大してきました。

その一方、従来のままリアルの世界だけでビジネスを行う業界と企業も数多く存在しています。観光業（ホテル・旅館・観光地の土産物店など）・外食産業・自動車及び関連部品業界などはネットを活用してはいますが、本業をネットに代替させるには難しいように見える業種です。

今回のパンデミックでは、3密を避ける必要性が生じ、リアルの世界でビジネスをする企業の需要が消滅してしまいました。消費行動を起こせない世界とは、現代を生きる人たちにとって未経験の事態です。

クラスターが発生したことで、日本国内のスポーツクラブは営業自粛を余儀なくされました。3密を避けるフィジカルディスタンスを保つため、営業再開後も従前のような運営方法は取れず、かつての売り上げは見込めずにいます。

今回のパンデミックが起きる8年前に、リアルとバーチャルの両方を巧みに融合させ、新規事業を開始したスポーツジムがアメリカで誕生していました。それが Peloton（ペロトン）です。

アメリカでは1970年代前半までフィットネスという業界は存在せず、70年代後半にジョギングやランニングが普及するようになってから市場は成長を始めます。2000年に入ると、アスレチックジムの会員は3000万人に膨らみ、2019年時点では5500万人の規模にまで拡大してきました。

フィットネス業界のサブスクリプションモデル

こうした中で Peloton は、ジョン・フォーリーによって家庭用のフィットネス機器の販売とサブスクリプション（定額課金モデル）によるアスレチックトレーニングを提供する企業として、2012年にアメリカ（本社ニューヨーク）に誕生しました。同社のサービスはマーク・ザッカーバーグやデイビッド・ベッカムなども利用しているようです。

同社のビジネスはエアロバイク（自転車型のフィットネス器具）を売って終わるのではなく、製品を販売した後、ネットによる接続サービスを、サブスクリプションで提供するビジネスモデル（SaaS Plus a Box　ソフトウエア・アズ・ア・サービス・プラス・ボックス）です。

Pelotonのエアロバイクは2245ドル（1ドル＝105円換算で約23万円）でしたが、1895ドル（約19万円）に値下げされました（2020年9月8日現在）。2018年に発売されたウォーキングやランニングができるトレッドマシーンの価格は当初4295ドル（約45万円）でしたが、こちらも新たに2495ドル（約26万円）のモデルが登場しました。バイクのオリジナルモデルの場合、分割払いだと39カ月ローンで月額48・59ドル（約5100円）に《別途アプリの会員費39ドル（4095円）が必要》なるので、多くのユーザーはローンを利用しているようです。

アプリを使った動画配信プログラムは、エアロバイク・ランニング・ヨガ・アウトドア・筋肉トレーニングの5種類があり、自分に最適なレベルが設定でき、インストラクターが指導してくれます。同時に多くの会員が参加できるので、参加者は互いにその成果を競うことができます。２０１９年10月現在、29人のトレーナーが各種のトレーニング講座を受け持ち、インスタグラムでフォロワー数が数万人を超えるトレーナーも在籍しています。

エアロバイクだけで1日に20ほどのクラスがあり、自分のライフスタイルに合ったクラスが選択できます。時間の都合がつかない時は、1万以上のトレーニング動画からオン・デマンドで選択してトレーニングを行うことも可能です。アプリの会員利用料は月額39ドル（４０９５円）です。

リアルのスポーツクラブを利用すると、アメリカでは平均で1回40ドル（４２００円）ほどかかります。エアロバイクを購入して、月払いのローンにした場合、月額48・59ドル（約５１００円）と会員費39ドル（４０９５円）で、87・59ドル（約９２００円）が必要になりますが、月に3回以上Pelotonを利用すればリアルのクラブと同じ費用になる計算です。

またスポーツクラブに移動する時間と手間、そしてシャワールームや更衣室の混雑、さらには自分のスケジュール調整が不要になるメリットは大きくなります。

Pelotonの事業は、原則として自前主義

Peloton は使用するタブレットを自社で手掛け、顧客側のソフトウェアやクラウド側のソフトウェアも全て内製しています。またリアルのアスレチックジムは自前で運営し、ストリーム配信に加えオンデマンドのクラス、そしてエアロバイクの配送業務まで自社で行っています。

トレーニング時に着るスポーツウェア、水分補給用のボトル、アパレルや小物も全て自前で揃え、エクササイズ中にアップテンポの音楽でテンションを上げる演出を行っていることから、音楽配信会社の Neurotic Media を買収し、ＢＧＭまで自社で提供するという徹底ぶりです。

Peloton は「SaaS Plus a Box」という、製品＋サブスクリプションモデルに加え、そこで必要になる「タブレット」「ソフトウェア」「ジムウェアなどのアパレル」「水分補

給用のボトルなどの小物」「直営店舗」そして「製品配送」まで自社で運用し、供給しているわけです。

Peloton は初期費用が高額にもかかわらず、会員の解約率は月に0・3％と非常に低いことが特徴であり強みです。２０１９年9月に新規上場した時点で Peloton の個人メンバーは１４０万人に達しており、「世界最大のインタラクティブ・フィットネス・プラットフォーム」を形成したと同社は発表しています。

上場後初の決算発表となった２０２０年度第１四半期の業績は、売上高2億２８００万ドルと前年比で倍増（純損失４９８０万ドルと赤字は縮小）。会員数は１６０万人を突破し、会員の月間解約率も１％未満を維持しました。

ビジネスニュース専門テレビ局ＣＮＢＣは、Peloton が発表した２０２０年1月1日から3月31日までの四半期の利益は、昨年の同時期に比べ66％アップしたと報道しました。２０２０年4月には2万３０００人が一度に参加する同社史上最大のオンライン・レッスンが開催されるなど、パンデミックで苦しむ企業が多い中で異彩を放っています。

Pelotonの独自性

Pelotonは「SaaS+a Box」という製品+サブスクリプションモデルに加え、「タブレット」「ソフトウェア」「ジムウェアなどのアパレル」「BGM」「水分補給用のボトルなどの小物」「直営店舗」「製品配送」まで自社で賄う

Pelotonの現状

- Pelotonは初期費用が高額だが、会員の解約率は月に0. 3%と非常に低い
- 2019年9月に新規上場した時点でPelotonの個人メンバーは140万人に達し、「世界最大のインタラクティブ・フィットネス・プラットフォーム」を形成

不況に強い

11 Peloton(ペロトン)のビジネスメソッド

日米におけるスポーツクラブの状況

- クラスターが発生し、日本国内のスポーツクラブは営業自粛を余儀なくされた
- スポーツクラブに移動する時間と手間がかかり、シャワールームや更衣室が混雑する
- リアルのスポーツクラブを利用する際は、自身のスケジュール調整が必要

↓

Pelotonが考案したビジネスモデル

モデル1　家庭用のフィットネス機器の販売とサブスクリプション(定額課金モデル)によるアスレチックトレーニングを提供する企業がPeloton

モデル2　Pelotonのビジネスモデル(SaaS Plus a Box ソフトウエア・アズ・ア・サービス・プラス・ボックス)は、製品を販売した後、ネットによる接続サービスをサブスクリプションで提供する仕組み

モデル3　Pelotonの利用料は、月に3回以上Pelotonを利用すればリアルのスポーツクラブと同額になる

モデル4　インスタグラムでフォロワー数が数万人を超える人気トレーナーが在籍

モデル5　自分のライフスタイルに合ったクラスが選択でき、時間の都合がつかない時は、1万以上のトレーニング動画からオンデマンドで選択してトレーニングを行うことが可能

⑫ リアルとバーチャルの融合最適型の企業▼Bonobos（ボノボス）

ショールーミングストアの拡大に注力し、オムニチャネルを推進

2007年アメリカで低所得者向け高金利型（サブプライム）住宅ローンの焦げ付きが多発し、これをきっかけに世界の金融市場で信用の収縮、株価急落、ドル安などが一気に加速しました。ローン債権を証券化した金融商品に投資していたヘッジファンドや金融機関は相場の急落で巨額の損失を計上し、資金繰り難に直面して一部は破綻に追い込まれます。

翌年2008年9月15日にリーマン・ブラザーズは連邦倒産法第11章の適用を申請したため、同社が発行している社債や投信を保有している企業と取引先へ信用不安が波及し、アメリカ経済に対する不信から世界的な金融危機へと広がってしまいました。

まさにその頃、まだ誰もインターネット上で洋服が売れるとは思わず、Amazonでも

洋服を販売していない2007年に、スタンフォード経営大学院を卒業したアンディ・ダンは、ニューヨークでBonobos（ボノボス）を創業し、オンライン販売を開始しました。これがメンズウェアブランドBonobosの始まりです。

2012年からはオンラインと実店舗のマルチチャネルに移行し、現在パンデミックにより営業自粛している店舗もありますが、NYをはじめ、サンフランシスコ、ボストン、シカゴなどに約60店舗（2018年現在）があり、デパートのNordstrom（ノードストローム）では100店舗以上で販売されています（2017年現在）。

「店頭では売らない」戦略を貫くD2C企業

リアルの店舗である「ボノボス・ガイドショップ」は販売を行わず、オンラインストアで扱っているパンツやシャツ、ジャケットなどの「試着とショールーム」の機能を担っています。オンラインストアは、ガイドショップの倉庫になっているわけです。

顧客がガイドショップを利用する際は、ネット経由で30分、60分、結婚式の新郎向けという3つのタイプの中から予約を取ります。

店頭を訪れると「ボノボスガイド」と呼ばれるスタイリストが、顧客に最適な色やサイズについてアドバイスしてくれます。試着は自分のサイズとフィット感をチェックするだけでなく、同じサイズでも「Tailored」「Slim」「Standard」といった種類があるため、その中から自分好みの服を見つけるために試着を行うわけです。試着室は「TELEPHONE BOOTH」や「TIME MACHINE」などと命名され、使用中の際はドアノブに結んだネクタイが掛けられ、空いている時にはネクタイが外されるといった演出もなされています。

同社の商品価格はストレッチ軽量チノパンツが98ドル、ストレッチオックスフォードシャツが88ドル、半袖ポロシャツが58ドル、ストレッチウールスーツが550ドル、ニットブレザーが298ドル、イタリア製ウールブレザーが400ドルといったところです。

予約をせずに訪れ、スタッフが忙しい時は、ビールなどの飲み物サービスを受けられることもあるようです。

購入はオンラインストアからで、スタッフがその場で注文手続きを行って購入するか、顧客が自宅のパソコンなどから自ら注文することになります。注文すると商品は数日で届き、送料は無料です。また購入した商品は全て「生涯返品可能」になっています。

店頭では販売しないため、顧客には負担感がなく、多忙で買い物をする時間に制約がある比較的裕福な男性顧客層には適した接客方法です。

Bonobosによると、スタイリストが対応する完全予約制のガイドショップ利用者の平均購入額は、オンラインユーザーの約2倍（約360ドル＝3万7800円）になるとのことです。また顧客ロイヤルティにも貢献し、実店舗で買い物をした顧客は平均50日以内に再度商品を購入しています。ちなみにオンラインユーザーの再購入は85日に留まっています。

Bonobosはアップルストアと同様に「店頭では売らない」戦略に基づいて、D2C（ダイレクト・トゥ・コンシューマー）の基礎を築いた企業としてアメリカでは評されています。

Bonobosの中心顧客層

店頭では販売しないため、顧客には負担感がなく、多忙で買い物をする時間に制約がある比較的裕福な男性顧客層には適した接客方法

Bonobosの現状

現状1 スタイリストが対応する完全予約制のガイドショップ利用者の平均購入額は、オンラインユーザーの約2倍（約360ドル=37,800円）。

現状2 顧客ロイヤルティにも貢献し、実店舗で買い物をした顧客は平均50日以内に再度商品を購入。オンラインユーザーの再購入は85日に留まる。

現状3 Bonobosはアップルストアと同様に「店頭では売らない」戦略で、D2C（ダイレクト・トゥ・コンシューマー）の基礎を築いた企業

現状4 Bonobosは2017年に、Walmartが3億1000万ドル（約325億円）で買収

現状5 Walmartは近年、ECサイトのJet.com、女性向けウェアブランドのModcloth（モドクロス）、アウトドア小売りのMoosejaw（ムースジョー）など、eコマース関連の買収に積極的でBonobosの買収はその一環。Bonobosの製品は、Jet.comでは見つかるが、Walmartの店舗やeコマースサイトでは販売されていない

不況に強い

12 Bonobos(ボノボス)のビジネスメソッド

当時の時代背景

2007年当時は誰もインターネット上で洋服が売れるとは思わず、Amazonでも洋服を販売していなかった

↓

店頭では販売しないD2Cで登場したBonobos

特徴1 2007年に、スタンフォード経営大学院を卒業したアンディ・ダンは、ニューヨークでBonobosを創業し、オンライン販売を開始

特徴2 リアルの店舗「ボノボス・ガイドショップ」は販売せず、オンラインストアで販売するパンツやシャツ、ジャケットなどの「試着とショールーム」の機能を担い、オンラインストアはガイドショップの倉庫

特徴3 購入はオンラインストアだけで、スタッフがその場で注文手続きを行うか、顧客が自宅のパソコンなどから自ら注文する。商品は数日で届き、送料は無料。購入した商品は全て「生涯返品可能」

Bonobosは2017年、Walmartによって3億1000万ドル（約326億円）で買収されました。Walmart USでeコマース部門の現CEOのマーク・ローレとアンディ・ダンはBonobos時代から長年の信頼関係があり、そこから買収につながったようです。創業者のアンディ・ダンは2018年9月にBonobosのCEOを退任し、WalmartのデジタルコンシューマーブランドのSVP（シニア・バイス・プレジデント）に就任しています。

Walmartは近年、EC（電子商取引）サイトのJet.com、女性向けウェアブランドのModcloth（モドクロス）、アウトドア小売りのMoosejaw（ムースジョー）など、eコマース関連の買収に積極的で、Bonobosの買収はその一環です。Bonobosの製品は、Jet.comでは見つかりますが、Walmartの店舗やeコマースサイトでは販売されていません。

対策 6

リアルとバーチャルの融合最適型

Fusion of real and virtual optimal type 06

異業種企業が活用したいポイント・オブ・ビュー

①個人が蓄積したデータは、企業にとって顧客の「人質」になる

これまで述べてきたように、生活様式が変わる時、新たな市場が生まれます。

Pelotonのエアロバイクを入手し、月額39ドルのオンラインサービスに加入すると、エアロバイクの前面に取り付けられている大型タブレット端末を使って各種プログラムが利用できます。

この端末から人気のあるインストラクターのクラスに参加し、自分の好きな時間に好きなレッスンを受けることができます。また同じクラスにいる人やクラスの中でカロリー消費の高い人のランキングなどを、オンライン経由で把握できる仕組みです。今まで自分が消費したカロリー量や、過去に受けた自分のクラスでのヒストリーデータが一括管理でき、SNSにもつながります。

Pelotonの利用者は自分のトレーニングデータと、アクティビティトラッカーと呼ばれる活動量計で計測した自身の身体データを統合することができ、使えば使うほど自分のデータがPelotonに蓄積されていくシステムになっています。

ユーザーがPelotonを継続して利用すれば、企業と顧客との関係性は長期的に強まっていき、更新したデータは上書きされていきます。このようにデータが溜まっていくため、Pelotonから新製品が発売されると、ユーザーが購入してくれる可能性が高くなります。スマートフォンのデータと同様に、自分のデータを失いたくないからです。

Pelotonのように顧客のデータを蓄積する仕組みをつくると、競合他社製品が登場しても自分のデータが移せないため、簡単には他社製品に乗り換えることができなくなります。

顧客データとは、企業にとって顧客の「人質」になるわけです。

②既存市場の固定観念を打破して、顧客にとって最適なビジネスモデルを構築する

リーマン・ショックによる景気後退時は、景気悪化のスピードは緩やかで、金融機関など上流から影響が出始め、次に輸出と設備投資を中心とした企業部門へと広がっていきました。

しかし今回のパンデミックの影響は広がるスピードが速く、航空会社や鉄道などの運輸、ホテルや旅館などの観光、そして外食といった産業は、外出自粛によって需要が消失し、内需は一気に悪化しました。海外もパンデミックの被害が拡大したことで外需も同時になくなり、企業部門と家計部門がともに総崩れになってしまいました。

外出自粛によって需要が消失したため、大きな被害が顕在化したのがアパレル業界です。日本のアパレル市場はおよそ9兆円とされていますが、その半分はトップ10の大企業が占め、残りの50％は中堅中小企業2万社のアパレル企業によって構成されています。

アパレル企業の原価率は50％程度で、利益率は1桁台といわれます。テナントとしてショッピングセンターに出店すれば、販売管理費の大部分は固定費になります。仮に年商100億円の企業なら、30億〜40億円程度の固定費が掛かり、月間で3億円ほどの金額が今回の事態で毎月失われたことになります。

現在日本の衣料品のEC化率は10％に満たない状況で、百貨店では5％以下のようです。この状況では企業全体の売り上げをECで下支えすることは難しいわけです。

サブプライムローンが焦げ付き、1年後にリーマン・ショックにつながる2007年に誕生したメンズウェアブランドBonobosは、誰も手をつけていなかったアパレルのEC販売に着手し、さらにリアルの店舗の「ボノボス・ガイドショップ」では販売をせず、オンラインストアで扱っている商品の「試着とショールーム」の機能に特化させるというD2Cのビジネスモデルを試行錯誤の末につくり上げました。

どんなビジネスモデルもいずれは陳腐化し、あるいは競合の乱入によって飽和状態を迎えます。それゆえ次なる新業態なりビジネスモデルの開発に向け手を休めるわけにはいかないわけです。

ボノボスの創業者アンディ・ダンはWalmartがデジタルブランドに進出する理由として、「未来を勝ち取る」戦略の一環だと語っています。小売業の巨人Walmartによる Bonobosの買収は、eコマースブランドが巨大なWalmartにのみ込まれる可能性があるという懸念が生まれます。しかしBonobosをWalmartから独立させておくことには、2つの利点があると両社は見ています。

Bonobos側にとっては、Walmartの規模とその資源の恩恵を受けることができ、Walmart側は、デジタルブランドの構築方法と、eコマース事業を大きくするために必要なノウハウを学ぶことができるからです。

ITバブルの崩壊からリーマン・ショック、そして今回の新型コロナウイルスによるパンデミックと、ほぼ10年ごとに世界は大きな危機に襲われています。今回の新型コロナウイルスが終息した後も、10年おきにパンデミックが発生するともいわれます。今回私たちが直面した問題は一過性の事態だととらえず、同様の事態が今後再発する可能性が高いと見て、その準備に取り組むことが欠かせません。体力のある企業は、ノウハウ開発と育成する時間を短期間に入手するため、M&Aという方法も視野に入れてくるでしょう。

参考資料

『PELOTON』https://www.onepeloton.com/ap

『Peloton がエクササイズバイク上位モデル Bike+ とトレッドミル Tread を発売、価格はいずれも約26万円』
TechCrunch Japan　２０２０年９月９日
https://jp.techcrunch.com/2020/09/09/2020-09-08-peloton-launches-new-bike-and-tread-smart-home-gym-equipment-both-at-2495/

『アメリカで人気のフィットネスサブスク「Peloton（ペロトン）」のマーケティングが優れている点とは?』
Ferret ２０２０年03月21日
https://ferret-plus.com/14429

『フィットネス界の Apple と囃された新興企業の今』
東洋経済オンライン ２０１９年12月17日
https://toyokeizai.net/articles/-/319749

『上場の「Peloton」はサブスクリプションでストック型事業?!　SaaS Plus a Box について』
note ２０１９年10月３日
https://note.com/syginccom/n/ndaba6d259f96

『Apple を超えるブランド Peloton ／現代の聖職者はエアロバイクに乗る』
プロジェクト ARCH ２０１９年２月14日
https://medium.com/projectarch/apple%E3%82%92%E8%B6%85%E3%81%88%E3%82%8B%E3%83%96%E3%83%A9%E3%83%B3%E3%83%89-peloton-%E7%8F%BE%E4%BB%A3%E3%81%AE%E8%81%96%E8%81%B7%E8%80%85%E3%81%AF%E3%82%A8%E3%82%A2%E3%83%AD%E3%83%90%E3%82%A4%E3%82%AF%E

3%81%AB%E4%B9%97%E3%82%8B-85738cf8f11
『「ウェブ生まれの史上最大の洋服ブランド」と評されるボノボス（Bonobos）のＮＹのガイドショップ』
https://blog.excite.co.jp/nyliberty/27171186/

『ECブランドが〝リアル店舗〟の展開に着手する理由とは？』
VISIONARY MAGAZINE BY LEXUS
２０１９年８月16日
https://lexus.jp/magazine/20190816/383/cul_ecommerce.html

『BONOBOS 体験レポート』
ハンズラボブログ ２０１７年６月８日
https://www.hands-lab.com/contents/?p=7372

『激しくウォルマートなアメリカ小売業ブログ』
流通コンサルタントによる 日本一のアメリカ小売業・情報発信サイト ２０１３年３月15日
http://blog.livedoor.jp/usretail/archives/51859288.html

『BONOBOS』 https://bonobos.com/about

『「アマゾンvsウォルマート」に見るEC業界、オムニチャネルの次の一手』
WWD ２０１７年６月27日
https://www.wwdjapan.com/articles/439132

『ウォルマートとボノボス、買収後の「両者繁栄」の道すじ：独立性維持でウインウイン』
DIGIDAY ２０１８年12月14日
https://digiday.jp/brands/bonobos-walmart-build-online-only-brands/

『RetailX レポート後編：業界の地殻変動が進む中で、手を取り合う大手流通とD2Cブランド』
生活者データ・ドリブン マーケティング通信
２０１９年７月31日
https://seikatsusha-ddm.com/article/10248/

『「コロナ後の日本経済」見極めに欠かせない視点』
東洋経済オンライン ２０２０年７月３日
https://toyokeizai.net/articles/-/360086

『日本のアパレルの半数が消滅!? コロナではなく支離滅裂な政治に殺されるアパレル業界』
ダイヤモンド・チェーンストア・オンライン
２０２０年５月５日
https://diamond-rm.net/management/55488/

ーティング型

Direct recruiting
type 07

対策 7 ダイレクトリクル

特徴

1 自分のプロフィールを掲載して誰でもネット経由で閲覧できるプラットフォームを持てれば、人的ネットワークが増え、興味のある企業とつながり、転職や就職活動に活用できるという一連のサイクルが生まれる

2 人に関する様々なデータを収集し、「人に関する Google」的機能が広がると、転職する意識のない人までスカウトすることが可能になる

モデル企業

▶ LinkedIn（リンクトイン）
▶ LAPRAS（ラプラス）

⑬ ダイレクトリクルーティング型の企業▼LinkedIn（リンクトイン）

自身のプロフィールをネット上に公開して検索を可能にし、自らのキャリアをアピールできる

景気が後退し企業の経営状態が悪化すると、必ず浮上するのが人員削減です。非正規雇用の労働者から始まる削減は、事態が深刻化すれば、雇用が守られてきた大企業の正規労働者も対象になってきます。

「終身雇用制度」「年功序列」「新卒一括採用」の崩壊が叫ばれて久しいですが、日本型雇用制度に守られていた日本のビジネスパーソンは、過去の不況で企業がどんな対応を取るかをわかっているにもかかわらず、自身の雇用リスクには今もって無防備です。

日本の人事制度では、仕事ができない人材を指名解雇できないため、企業は表向きには希望退職者を募ります。しかしその実態は対象者への退職勧奨です。

日本の雇用の流動性の実態を総務省の調査（※1）から見ると、1年間の転職者数は329万人、比率にすると労働人口の4・9％。日本では、男性が152万人で4・1％、女性が177万人で6・0％と、この10年間は毎年5・0％ほどが転職しています。

※1　総務省の調査　労働力調査　2019年（令和元年）平均（速報）総務省統計局

世界を見ると、転職経験のない人の割合（※2）は日本とドイツが55％前後で最も高く、次いで韓国が40・3％、スウェーデンが31・8％、アメリカは最も低く27・3％となっています。

※2　データは第7回世界青年意識調査報告書　総務庁　2004年（平成16年）3月より

最適な仕事に就労していれば流動性は低くても問題はありませんが、生産性の高い業種や会社に人材が移動しているかといえば疑問が残ります。

日頃から自分のキャリアの棚卸しを行い、記録に残しているビジネスパーソンは限られます。企業名と肩書が記載された名刺でしか、自身をアピールするものがない人も多いはずです。
こうした人たちが転職を余儀なくされると、自身のプロフィールシートをつくることになります。記載する内容が自分の出した仕事の成果ではなく、異動した部署名しかなく、自分を売り込むビジネススキルがないことにここで初めて気づく人も出てくるでしょう。

日本で再就職先を探す方法は、エージェントの活用・求人広告の閲覧・リファラル採用（社員に人材を紹介してもらう方法）・ハローワークでの相談など、その方法は限られていました。

他方アメリカでは、就職活動はもとよりビジネス全般においてネットワークづくりが不可欠で、日常的に人脈づくりに取り組みます。アメリカでは企業からの求人の7割ほどは公募されず、人脈を通じて決まります。企業にとって公募で膨大な数の応募者を選考するよりも、効率がいいからです。そのため求職者は知り合いを通じて企業を紹介してもらえるように取り組むことになります。

企業によっては自社のサイトの求人欄に“Get Referred”（紹介してもらおう）というボタンを設け、応募者が履歴書をアップロードした後、応募者のLinkedInやFacebookから自社の社員や元社員がいるかどうかを自動的に検索できる仕組みを提供するところもあります。知り合いがいれば、紹介してもらえるように依頼するためです。ソーシャルメディアを通じた紹介が社員採用の8割に達すると見ている企業もあるほどです。

業界に既にネットワークを持つ中途採用の人材だけでなく、アメリカでは新卒でも入社したい業界や分野の人とは、日頃からソーシャルメディアを通じて積極的にネットワークづくりに取り組んでいます。今後は日本でも同様の動きが出てくることは間違いないでしょう。

▼ビジネスに特化したSNSがLinkedIn

新型肺炎のSARSが中国で大流行した2003年に、「世界中のプロフェッショナルの生産性を高め、より成功するようつないでいく」というミッションを掲げ、シリコンバレーでビジネス特化型SNSとして登場したのが、**LinkedIn（リンクトイン）**です。

同社がサービスを開始してからはアメリカをはじめ世界各国に普及し、登録メンバーは6億9000万人を超え、日本では200万人以上が登録しています（2020年7月現在・同社サイトより）。事業所は世界33カ所、24の言語に対応しています。創設者はリード・ホフマン、現CEOはジェフ・ウィナーです。同社は2016年12月に、Microsoftによって262億ドルで買収されています。

ビジネスパーソンがLinkedInを活用するメリット

ビジネスパーソンがLinkedInを使うメリットは、

①ビジネス情報を「タイムライン」から収集できる

LinkedInはビジネスSNSとして、ビジネスに関する記事や投稿を「タイムライン」と呼ばれるページから閲覧でき、ビジネス情報を日々収集することができます。またインフルエンサーや注目企業、話題になっているキーワードをフォローすれば、最新ニュースも入手可能です。

②ビジネスのネットワークづくり

LinkedInは有益な記事を投稿している人や、著名なビジネスパーソンとつながることができます。つながる方法は、友人申請をする場合と、その人の投稿を閲覧できるフォローとが選べます。どちらも投稿にコメントを書き込めるので、交流を図ることは可能です。LinkedIn はビジネスに特化しているので、Facebook のように人と情報をプライベートとビジネスで混在させずに済みます。

③自身のプロフィールを掲載し、自分をアピールできる

LinkedIn に自分のプロフィールをつくって掲載すれば、誰でもネット経由で閲覧することができます。この機能を活用すると、ネット上に自分の履歴書をアップしたことと同じ効果を持ち、自身の紹介ツールとして閲覧してもらうことができます。

④興味のある企業とつながり、企業情報を入手できる

自分が興味のある企業があれば、その企業とつながることができ、その企業が発信する情報を定期的に入手できます。

⑤転職や就職活動に活用できる

LinkedIn のユーザーは、企業の求人情報を入手できるので、自身で応募することが

可能です。また自分のプロフィールを閲覧した人が特定できるので、気になる企業の人事担当者から閲覧されていれば、こちらからコンタクトを取って、やり取りすることができます。

⑥LinkedInラーニングというオンライン教育システムがあり、受講が終了するとプロフィールに掲載できる

LinkedIn には LinkedIn ラーニングという「キャリアに役立つスキルを習得できる」オンライン学習サービスがあります。App Store の LinkedIn ラーニング（2020年9月時点）での料金はサブスクリプションで、月払いは3600円、年間契約にすると年額3万4800円になる割引があり、30日間無料トライアルが用意されています。受講できるコース数に制限はありません。

教育コンテンツはグローバルに市場調査を行い、特にニーズが高い200コースを選定し、その中から日本でニーズがあるコースを見極めて運用しています。スマートフォンアプリが用意されており、どこでも隙間時間に学習でき、吹き替えで日本語対応したコースもあります。受講が終了したコースは、LinkedIn のプロフィールに掲載するこ

とができるメリットもあります。

企業がLinkedInを活用するメリット

企業側がLinkedInを使うメリットとしては、

①「会社ページ」を使うと、世界に向けて自社のブランディングができる

LinkedInは、個人だけでなく企業や団体もページを持つことができます。「フォロワー」を増やせば、自社の活動を世界中の人たちに向けて情報発信を行い、自社をアピールすることができます。

②転職潜在層に直接アプローチできる

LinkedInは採用したい人材を企業サイドが検索し、直接アプローチすることができます。自社が求める条件に合致する人材を自社で検索し、求人を掲載することも可能です。登録者と求人情報を自動でマッチングするサービスもあり、「InMail」という機能を使えば、本人に直接スカウトメッセージを送付できます。

●アメリカでは新卒も入社したい業界や分野の人とは、日頃からソーシャルメディアを通じて積極的にネットワークづくりに取り組む

●Facebookは2004年に創業

●登録メンバーは世界で6億9000万人を超え、日本では200万人以上が登録

●同社は2016年12月に、Microsoftによって262億ドルで買収された

企業側のメリット

●「会社ページ」を使って、世界に向け自社のブランディングができる

●転職潜在層に直接アプローチできる

※参考情報
2020年7月22日に配信されたブルームバーグによると、「採用関連サービスへの需要が落ち込んだため、LinkedInは、全従業員の約6%に当たる960人を削減する」と発表しました。新型コロナの感染拡大で消費や企業活動が制限され、企業の新規採用への意欲が減退したため、LinkedInが提供する採用ツールへの需要減につながったと報道されています。

不況に強い

13 LinkedIn(リンクトイン)のビジネスメソッド

社会的背景

- 景気が後退し企業の経営状態が悪化すると、必ず浮上するのが人員削減
- 1年間の転職者数は329万人で、この10年間は毎年5.0%ほどが転職
- アメリカでは、就職活動はもとよりビジネス全般においてネットワークづくりは不可欠で、企業からの求人の7割ほどは公募されず、人脈を通じて決まる

↓

LinkedInの誕生と経緯

- LinkedInは2003年にシリコンバレーでビジネス特化型SNSとして誕生

↓

ビジネスパーソン側のメリット

- ビジネス情報を「タイムライン」から収集できる
- ビジネスのネットワークづくりができる
- 自身のプロフィールを掲載し、自分をアピールできる
- 興味のある企業とつながり、企業情報を入手できる
- 転職や就職活動に活用できる
- LinkedInラーニングというオンライン教育システムがあり、プロフィールに掲載できる

⑭ダイレクトリクルーティング型の企業▼LAPRAS（ラプラス）

AIによるヘッドハンティングサービスを提供する

アメリカ大統領選挙でドナルド・トランプが選ばれ、日本は新興国や途上国の経済が落ち込んだこともあり、消費税増税が延期された2016年、日本初のAIヘッドハンティングサービスを提供するscouty《現LAPRAS（ラプラス）》が誕生しました。

創業者の島田寛基氏は2015年、京都大学で計算機科学の学士号を取得し、2016年にイギリスのエディンバラ大学大学院で修士号を取得した後、同社を創業しています。

LAPRASはAIによるヘッドハンティングサービスを提供する企業で、同社のLAPRAS SCOUTは、インターネット上に公開されているエンジニアのSNSやブログなどの情報をシステムが収集。「技術力、ビジネス力、影響力」という3つのスコアを算出し、個人のスキルや志向性、活動内容などを含めた個人のプロフィールページをAIが自動生成します。これらのデータを基に、エンジニアと企業との最適なマッチングを実現するサービスです。

採用候補者のプロフィールページは、クライアント企業と候補者の両者が閲覧できます。**転職市場に出て来ない転職潜在層にアプローチできる点が、企業にとって最大のメリットです。**

個人向けのインターフェースは、GitHub（※1）やTwitterのアカウントを通じてログインでき、もし自身のページが作成されていなければ、新たに生成される仕組みです。

※1　GitHubとは、ソフトウェア開発プロジェクトのためのソースコード管理サービス

公開されている機能は、「自分の情報を閲覧できる」「自分の意思でアカウントを連携できる」「転職の意思を表明できる」「間違った情報が掲載されていれば、修正リクエストを送れる」といった内容です。

技術力・ビジネス力・影響力の3つのスコアは詳細を閲覧できるので、転職を考えて

いない人にも自分の現状と評価を確認できるメリットがあります。

既存の転職サービスとの大きな違いは、転職候補者が自分のことを登録する前に、自身のプロフィール情報がすでに作成されている点です。また候補者が転職活動を開始する前に、自分に興味を持っている企業を事前に把握でき、そこから活動を開始できるというメリットもあります。

同社は人に関する様々なデータを集め、自分以上に自分のことを知っている存在となり、その人にとって最適な仕事の選択肢を提供する役割を果たすことを目指しています。

▼LAPRAS SCOUTの仕組み

①ネット上に公開されているデータから、エンジニア個人のプロフィールを自動的に生成する

LAPRAS SCOUTは、従来の採用サービスのように候補者が自ら情報を入力するのではなく、TwitterやFacebookといったSNS、GitHub、Qiita（※2）のような技術的アウトプットをクローリング（※3）技術で収集し、それらを個人に紐付けてポート

フォリオを自動生成します。

紐付けられた情報は、機械学習（ＡＩが自律的に物事を学ぶための技術）を活用して解析し、従来の履歴書ではわからなかったスキルや志向性を可視化するという仕組みです。

例えばその人は以前の勤務先を何年で退職し、現在の企業は平均して何年で人が辞めるかなどをＡＩが分析します。またＳＮＳ上に転職に関する言葉を使った投稿をすると自動検知して、離職スコアに反映するといった具合です。

ネット上から収集・紐付け・解析した候補者のポートフォリオ数は１５０万件を超え、日本国内のエンジニア職種に特化した採用サービスでは最多の実績を誇っています。

※2　Qiitaとは、プログラマーのための技術情報共有サービス
※3　クロールとは、検索エンジン内のシステムであるクローラ（ロボット）が一つ一つのサイトを巡回し、サイトの情報を収集すること。

②企業が希望する人材の採用条件を入力すると、適合する候補者を推奨する

企業が希望する人材について採用条件を入力すると、インターネット上のオープン

データの中から最適な候補者を、独自のアルゴリズムを使って推奨してきます。企業が情報をフィードバックするごとに、推奨の精度が高まるようになります。

③採用したい人材を貯めておく「タレントプール」という場所が、ネット上に提供される

LAPRASが見つけた候補者はもとより、リファラル（社員からの紹介）など他から集まった候補者も含めて一括管理でき、採用に関する情報を社内で共有できるタレントプールという場所がネット上に提供されます。

Google Chromeのブラウザ用拡張機能を使うと、SNSページから直接LAPRAS SCOUTの候補者プロフィールが確認でき、タレントプールに追加できます。また、特定のイベントの参加者をまとめてタレントプールに追加することも可能です。これらのデータは候補者本人の転職意向の有無にかかわらず、データ化されます。

④タレントプール内の候補者が転職を検討する可能性があると知らせてくる

タレントプール内の候補者がSNSに掲載した活動内容や経歴の傾向などから転職の

可能性を機械学習が算出し、可能性があると判断すると、転職アラートという知らせが企業に届きます。

⑤企業は転職アラートを受け取ったら、その人にスカウトメールを送る

企業が転職アラートを受け取ったら、該当者にスカウトメールを送ります。個々の候補者に最適なスカウトメールを作成する必要がある場合は、候補者に関する言い回しや業務内容との親和性などを加味し、スカウトしたい理由が伝わるメールが書きやすくなる補助機能によって、企業担当者の執筆をサポートする機能も備えています。

⑥LAPRASに登録していない候補者に、企業が興味を持っていることを知らせる「カジュアルスカウト」機能がある

LAPRASに登録していない候補者にも、その人に興味を持っている企業があることをメールによって通知できる機能が、「カジュアルスカウト」です。候補者にはメールで企業からカジュアルスカウトが届き、候補者がそのメールに反応すれば、カジュアル面談などの選考プロセスに移行します。

LAPRASが提供するメリット

メリット 1	企業は転職市場に出て来ない転職潜在層にアプローチできる	メリット 6	採用情報を社内で共有できるタレントプールという場所をネット上に提供
メリット 2	技術力・ビジネス力・影響力の3つのスコアは詳細を閲覧でき、転職を考えていない人も自分の現状と評価を確認できる	メリット 7	タレントプール内の候補者が転職を検討する可能性があると企業に知らせがくる
メリット 3	転職候補者が登録する前に、自身のプロフィール情報はすでに作成されている	メリット 8	企業は転職アラートを受け取ると、該当者にスカウトメールを送れる
メリット 4	候補者が転職活動を開始する前に、自分に興味を持っている企業を事前に把握でき、そこから転職活動を開始できる	メリット 9	登録していない候補者に、企業が興味を持っていることを知らせる「カジュアルスカウト」機能がある
メリット 5	企業が希望する人材について採用条件を入力すると、インターネット上のオープンデータの中から最適な候補者を、独自のアルゴリズムを使って推奨する		

今後の転職市場で予測できること

能力が高く厚遇され、転職する意識のない人材に対して、より良い条件の転職を働き掛けることが可能になる

不況に強い

14 LAPRAS（ラプラス）のビジネスメソッド

従来の転職市場

- これまでの転職システムは、本人が転職する気になって初めて機能するものばかりで、転職潜在層へのアプローチはできずにいた
- 転職希望者は自身のプロフィールシートを自ら作成するため、情報に過不足が生じる

↓

AIによるヘッドハンティングサービスを実現させる企業の登場

- LAPRASはAIによるヘッドハンティングサービスを提供
- LAPRAS SCOUTは、インターネット上にあるエンジニアのSNSやブログなどの情報をシステムが収集。それらを個人に紐付けてポートフォリオを自動生成する
- 紐付けられた情報は、機械学習を活用して解析し、従来の履歴書ではわからなかったスキルや志向性を可視化

⑦面談して両者の条件をすり合わせ、合致すれば採用に至る

こうしたプロセスを経て、両者が面談し条件が合致すれば、採用になるという流れです。

対策
7
ダイレクトリクルーティング型

異業種企業が活用したい
ポイント・オブ・ビュー

①個人の仕事に対するリスクヘッジやリスクマネジメントが必須化する

これから労働人口の流動化によって、新たな市場が生まれます。日本のビジネスパーソンは日本型雇用システムに守られてきたため、自身の仕事に対するリスクヘッジやリスクマネジメントを行う風土がなく、無防備に暮らしてきた面があります。しかしながら社会構造と雇用制度が変われば、1社でいつまでも雇用が保証されることはなくなります。また不況による人員整理の対象になって初めて転職活動を始めていては手遅れになる場合もあります。

社会に有益な情報発信を行い、ビジネス社会で活躍している人たちと交流を深め、人的ネットワークを世界中につくることは、これからのビジネスパーソンに欠かせない取り組みになります。また転職意向の有無にかかわらず、自分のビジネススキルを社会にアピールすれば、実力を備えた人にはチャンスが広がることにもつながってくるでしょう。

これからのビジネスパーソンはどのような事態に直面しても、自分のことは自分で対応できるように、日頃から取り組んでおくことが不可欠になります。こうしたニーズに対応するビジネスやサービスが今後必要とされてくるでしょう。

②名刺の時代が終焉し、個人がネット上でビジネススキルをアピールする社会が始まる

ビジネスで有能な人材を採用したい場合に必須化するのは、個人のビジネススキルや実績に関するデータの有無です。企業がホームページを立ち上げて自社をアピールするのが当たり前になった現在、これからは個人が自身のビジネススキルをネット上でアピールする取り組みが必然化してきます。

実名を使うＳＮＳにはFacebookがありますが、ここはプライベートの利用が多く、ビジネススキルの向上や職探し、転職といったビジネス案件に関しては使い勝手が良くありません。そうなれば海外では既に一般化しているビジネス特化型ＳＮＳの活用が、日本でも加速していくことになります。

名刺の時代は終わり、ネット上で自分のプロフィールが検索される時代の始まりです。

③ダイレクトリクルーティング（ダイレクトソーシング）が普及していく

これまで転職する際には、求人広告・エージェントからの紹介・会社説明会・ＳＮＳ・リファラル採用などの方法が存在していましたが、今後はダイレクトリクルーティングが本格化していくことが予想できます。

企業と個人が直接つながるプラットフォームが生まれ、ダイレクトリクルーティングが拡大すると、旧来型の人材紹介やヘッドハンティングをはじめ、あらゆる「代理業務」は付加価値を高め、コンサルティング機能を高めていかないと、代替される可能性が出てきます。

④転職は自分の意思だけでなく、スカウトされる時代の始まり

有能な人材は現在の組織から厚遇されており、転職意識は低いものです。こうした人材はこれまで転職者リストに入ってきませんでした。

しかし有能な人材を求める企業は、本人の転職意識の有無にかかわらず、より手厚い条件を提示してスカウトする環境になっていきます。

実力を備えたビジネスパーソンは本人に転職する気がなくても、好条件のオファーが数多く舞い込み、自分の可能性にチャレンジできる環境づくりが加速していくことになります。

参考資料

『【海外の就活・転職事情】アメリカ人の就活・転職観を見てみる』
Daijob HRClub ２０１９年9月13日
https://hrclub.daijob.com/column/4513/

『世界4億人が使う「LinkedIn」とは？ 使い方と企業の活用事例を日本語で解説【第１回】』
ＳＥＬＥＣＫ 公開日２０１６年５月23日
更新日 ２０２０ 年１月12日
https://seleck.cc/656

『教育ソリューション「LinkedIn ラーニング」で様々な女性のキャリアを応援したい。高橋史子さんインタビュー』
Happy デジタル ２０１９年12月28日
https://www.happycom.co.jp/2019/12/interview-linkedin-learning#outline__3_1

『人工知能が、逸材を探し出す。LAPRAS SCOUT』
https://scout.lapras.com/

『LAPRAS SCOUT、データベース内のエンジニア候補者が１５０万件を突破』
ＩＣＴ教育ニュース ２０２０年６月30日
https://ict-enews.net/2020/06/30lapras-scout/

『LAPRAS の考える標準スカウトプロセス　LAPRAS 情報、エンジニア採用のノウハウ』
LAPRAS HR TECH LAB ２０２０年３月23日
https://hr-tech-lab.lapras.com/knowhow/scout-process/

『「目指すのは人間版の Google」ＡＩヘッドハントの scouty が LAPRAS に社名変更、個人ページの本人公開も開始』
TechCrunch Japan ２０１９年４月10日
https://jp.techcrunch.com/2019/04/10/scouty-lapras/

当社は
新しい働き方を応援します!

Working style support
type 08

対策 8 働き方支援型

特徴

1. 社員に専門性を発揮してもらい、プロ意識を持って働いてもらう働き方の選択肢を提供する
2. IT化が遅れた業界で、従来のアナログ対応からスマートフォンアプリの機能を使って発注者と受注者とをマッチングする事業を展開する

モデル企業

- タニタ
- 助太刀

15 働き方支援型の企業▼タニタ

社員のプロ意識を高め、働き方の選択肢を提供する

多くの経営者は新型コロナウイルスの感染拡大によって資金繰りに奔走することになりましたが、この後、景気の後退によって表面化してくるのが、雇用の問題です。守りのために人員削減に踏み込む企業もあれば、攻めの一手として優秀な人員を増やすところも出てきます。

日本企業は労働生産性を高めるため、働き方改革に取り組んできましたが、単に残業削減だけでは、企業は活性化しません。

日本が雇用制度として採用してきた「終身雇用」「年功序列」「新卒一括採用」「企業別組合」は既に制度疲労を起こし、企業自体がこの制度を維持できなくなっています。

日本企業は終身雇用を前提にしたメンバーシップ型雇用形態を採用し、職務や勤務地を限定せずに一括採用し、社内でさまざまな仕事やポストを経験させる制度を運用してきました。職務が明確でないため評価基準も曖昧で、給与は年功序列が基本となっています。

そのため多くの社員は専門性が発揮できず、プロ意識に欠ける傾向があり、生産性を下げていた面がありました。そこで浮上するのが、早期退職や退職勧告です。ところがここで問題が生じます。辞めてほしくない人材が退職し、辞めてほしい人材が会社に残ることです。

優秀な人材ほど転職の誘いが舞い込み、転職してしまいます。彼らを囲い込もうとしても、業種や業態によってはできることに限りがあります。また合理化が終わり、攻めに転じてＩＴ系の人材を採用しようとしても、既存の給与体系ではとても彼らの雇用条件を満たせず、採用時のハードルは高くなってしまいます。

新型コロナウイルスが終息した後、今後企業はどのように有能な人材と継続的な関係を続け、さらに能力の高い人材を獲得するかが問われてきます。

社員が個人事業主になり、業務委託契約を交わすという働き方

体重計測機器大手で「タニタ食堂」の運営など健康サービス事業を手掛ける**タニタ**は、「日本活性化プロジェクト」という名の下に、社員の「個人事業主化」を推進する取り組みを2017年1月から開始しました。

その取り組みとは、職種や勤続年数などに条件はなく、個人事業主を希望する社員は会社に申し出て、収入の見通しなどについて協議し、本人が納得すれば退職して個人事業主になるという内容です。この制度は「選択制」なので、会社が社員に独立を強制するものではありません。

社員が個人事業主を選択する際には、タニタと個人事業主は請け負う業務内容や報酬額を記載した「業務委託契約書」を取り交わすことになります。

欧米では事前に職務の内容や範囲、必要とされるスキルや資格、勤務地などを記載した「職務記述書（ジョブディスクリプション）」を作成し、その職務を遂行できると判断した人を雇うという「ジョブ型雇用」方式を従前から採用してきました。

しかしタニタは終身雇用を前提にしたメンバーシップ型雇用形態で、「職務や勤務地を限定しない一括採用」「社内ローテーションによって職務が不明確」「年功序列が基本の給与体系」になっています。

そこでタニタは、原則として社員として携わっていた直前の業務を「基本業務」とし、それ以外の仕事を「追加業務」と定義しました。給与は職務記述書をもとに決定し、記載された職務を遂行できたかどうかで、その人物の評価を行うことにしたのです。

報酬は「基本業務」に対する「基本報酬」（固定）と「追加業務」に対する「成果報酬」（変動）で、基本報酬は、社員時代の給与・賞与を基準にしています。

従来、会社が負担していた社会保険料、通勤交通費、福利厚生費といった諸経費は報酬に上乗せして支払っています。社会保険料分を上乗せしたのは、働く人の手取り収入を増やし、民間の保険に加入してもらうためです。

個人事業主になった後は基本的にタニタで働き続けながら、他社の仕事も請け負うことが可能になります。今回の制度では、個人事業主になった後もタニタの業務に関わることを前提にし、少なくとも当初の3年間は、タニタの仕事を請け負えるように保証しています。

この制度を使い個人事業主になった人たちは、1年目の2017年は8人で、年齢は30代前半から50代前半、職種は営業から総務、開発、ウェブサイトの企画・運営、新事業企画までと幅広くなりました。2018年は7人、2019年は8人です。1期の中で1人がコンサルティング会社に転職したため、2019年10月現在で22人が個人事業主になっています。**個人事業主となった社員の比率は全社員210人のうち、1割を超えました。**

個人事業主になった人たちの手取り収入は、2018年3月に確定申告をした1期メンバーの場合では、**会社員時代の残業代を含んだ給与と賞与の額と比較して、手取り収入は平均で28・6％アップしています。**他社の仕事も請け負ったことで、手取りが7割近く増加した人も現れました。社員時代と業務内容が変わらなかった人もほぼ手取りが増え、一番少ない人でも16％増加しています。気になる会社側の負担増加は1・4％に留まっています。

●これまで日本企業は終身雇用を前提にしたメンバーシップ型雇用形態を採用し、職務や勤務地を限定せずに一括採用し、社内でさまざまな仕事やポストを経験させる制度を運用。職務が明確でないため評価基準も曖昧で、給与は年功序列が基本

●優秀な人材ほど転職の誘いが舞い込み、転職していく

制度4 社員として携わっていた直前の業務を「基本業務」とし、それ以外の仕事を「追加業務」と定義。給与は職務記述書をもとに決定し、記載された職務を遂行できたかどうかで、その人物の評価を行う

制度5 働く人の手取り収入を増やし、民間の保険に加入してもらうため、会社が負担してきた社会保険料、通勤交通費、福利厚生費などの諸経費は報酬に上乗せ

制度6 個人事業主になった後は基本的にタニタで働き続けながら、他社の仕事も請け負うことが可能。当初3年間は、タニタの仕事を請け負える

●社員時代と業務内容が変わらなかった人もほぼ手取りが増え、一番少ない人でも16%増加

●会社側の負担は1.4%増に留まる

不況に強い

15 タニタのビジネスメソッド

制度疲労を起こしている日本の雇用制度

- 日本が採用してきた「終身雇用」「年功序列」「新卒一括採用」「企業別組合」は既に制度疲労を起こし、企業自体がこの制度を維持できない
- 多くの社員は専門性が発揮できず、プロ意識に欠ける傾向があり、生産性を下げていた

↓

タニタが取り組む新たな制度

制度1 社員の「個人事業主化」を推進する取り組みを2017年1月から開始

制度2 職種や勤続年数などに条件はなく、個人事業主を希望する社員は会社に申し出て、収入の見通しなどについて協議し、本人が納得すれば退職して個人事業主になれる

制度3 社員が個人事業主を選択する際には、タニタと個人事業主は請け負う業務内容や報酬額を記載した「業務委託契約書」を取り交わす

↓

新たな制度が生み出した結果

- 個人事業主になった人たちの手取り収入は、会社員時代の残業代を含んだ給与と賞与の額と比較して平均で28.6%アップ

⑯ 働き方支援型の企業▼助太刀

ＩＴ化が遅れた建設業界の雇用対策で、発注者と受注者をマッチング

建築工事現場を支える建設業就業者数は492万人（2016年総務省「労働力調査」を基に国土交通省が算出）に上りますが、建設現場で働く多くの人たちは、ひとり親方（※1）と呼ばれる個人事業主です。

※1 ひとり親方
主に建設業で従業員を雇わず個人で仕事を請け負う自営業者のこと。労働者ではなく事業主のため、労働災害が発生しても元請け企業の労災保険の適用を受けることができなかった。そこで国はひとり親方に対して特別に労災保険の加入を認める「一人親方労災保険特別加入制度」を設けている。

施工管理者が職人を集める際には、過去の現場で知り合った人などを経由し、電話で仕事を発注するケースが一般的でした。また職人が自分で仕事を探す時も、人づてで探すことが多く、旧態依然とした雇用慣行が残る業界でした。

建設業界の「元請け」は、繁忙期に必要な職人を確実に確保するため職人を囲い込み、他の元請けから仕事の情報が職人に届きにくいような構造になっています。社員集会のような集まりに誘われて「仲間意識」を高めるといった方法で、職人の囲い込みが行われていました。

そのため元請けが替わると、職人同士の横のつながりがなくなり、仕事の依頼が入らなくなってしまいます。重層下請け構造（※2）は末端に行けば行くほど、取引先が一つしかなく、忙しい時は仕事が集中しますが、その現場が終わると次の現場まで間が空いてしまうという状況が起きていました。

※2　重層下請け構造とは、元請け業者の請け負った工事の一部を下請け業者が請け負い（1次下請け）、それがさらに2次、3次と下請け化されていく状態を指す。

個人事業主にとって最大の悩みは、安定的に仕事を受注する仕組みがないことであり、個人事業主に依存する雇用主にとっては、効率よく労働力を確保する手立てが存在しないことが課題でした。

▼旧態依然とした仕組みで人を探す業界に、マッチングビジネスを登場させる

こうした背景の中で、「建設業に従事する全ての人たちを支えるプラットフォーム」を提供しようと考え、２０１７年に創業したのが**助太刀**です。助太刀は建設現場と職人をつなぐスマートフォンアプリの「助太刀くん」をリリースしました。

「助太刀くん」には2つの機能があり、ひとつは「建設現場の監督が職人を募集する機能」で、もうひとつは「職人が募集中の案件に応募する機能」です。建設業界の職種は70職種以上ありますが、助太刀では２０２０年7月現在で81種類の職種を扱っています。

使い方は、アプリをダウンロードし、職人が「実名」で「職種」と「居住地」を入力すると、仕事の案件がプッシュ通知で届くという流れです。

仕事の発注者は、現場ごとの細かい条件を指定し、最適な職人に仕事を依頼することができます。取引後は自動で電話帳に登録され、メッセンジャーでのやり取りが可能になります。

工事完了後は、受注者、発注者が相互に5段階評価を行う機能がついており、腕の良い職人は優先され、悪質な業者は排除される仕組みが盛り込まれています。また発注者には現場の勤怠管理にも使え、タイムカードのように勤務時間を把握することが可能です。これらの機能は全てアプリから操作し利用できるのが特徴です。

価格は「助太刀ベーシック」が無料。無制限に受発注が行え、機能制限のない「助太刀プロ」が月額1980円(税別)です。

また全ての職種の受注者を登録し、都道府県と近隣圏で募集したい企業向けのビジネスプランは月額2万9800円、全国工事や複数担当者で利用したい企業向けのエンタープライズプランは月額4万9800円です。助太刀の登録とマッチングに関する費用は一切掛かりません。

さらに付加機能として、

●フィンテック事業(スマートフォンによる送金などICTを使った金融サービス)と

して、「助太刀Ｐａｙ」を使うと、仕事が終わった時点で工事代金を即日受け取ることができるサービスがあります。

● 同社のプリペイドカードの「助太刀カード」は、工事代金をカードにチャージして店舗やＥＣ（電子商取引）で買い物ができ、仕事中のけがを補償する傷害保険が付帯しています。

●「助太刀ストア」は、助太刀アプリのチャット機能を使って、壊れた電動工具の修理依頼ができるサービスで、壊れた工具は現場や希望の場所まで引き取りに来てくれます。依頼方法は助太刀アプリのチャット機能を使い、簡単な質問に答えるだけで済み、新しい工具への買い替えも可能です。

● 転職や採用を支援する「助太刀社員」は、求人を掲載する企業は４週間で５万円からの利用料を支払う仕組みです。建設業に特化して、細分化された職種ごとに求人を出せるのが強みです。

助太刀がリーディングカンパニーになれた理由

創業者の我妻陽一氏は、きんでんで工事部に所属し、主にゼネコンの大型現場や再開発事業などの電気工事施工管理業務に従事しました。その後電気工事会社を10年以上経営した後、2017年3月に助太刀を創業します。立教大学大学院経営管理学修士課程を修了という経歴の持ち主です。

我妻氏は電気工事会社で施工管理を担う現場監督時代に、現場のIT化が遅れているのを痛感していました。現場で一番困っていたのが、職人を集める作業で、いまだに仲間からの紹介が多く、連絡手段も電話連絡しかないという状況だったのです。

これまでにウェブサイトを使ってサービスを提供する企業はありましたが、職人はパソコンをあまり利用しないので、うまく稼働していませんでした。

同社が想定した主要顧客となる20代から40代の職人は、建設業従事者全体の55%ほどを占め、その年代のスマートフォン普及率はパソコンと違って高くなっており、50代のスマートフォン普及率も49％ほどまでに上がっていました（同社調べ）。

そこで同社は職人が使うスマートフォンで利用するアプリのUI（ユーザーインターフェース）とUX（ユーザーエクスペリエンス）の使い勝手を追求して開発しました。同社がリーディングカンパニーになれた理由は、パソコンでなくスマートフォンに注力したことです。

アプリには、職種と居住地を入力すると、近隣圏で同じ現場に行ける人がリコメンドで上がってくる仕様になっています。登録者を見た人が「この人はいいな」「この現場は良さそうだな」と思ったら、「興味あり」と入力でき、twitterのフォローのような機能を搭載しています。ここで相互フォローになると、メッセージのやり取りなどからコミュニケーションが取れるという流れです。

「居住地」と「職種」の2つの情報入力だけで登録を完了させたのは、アプリの離脱率を減らすためです。

職人は、個人だったり、人を集める側の現場監督になったり、その時によって立場が変わることがあります。そこで相互に評価ができるシステムを取り入れ、本名による登録を徹底しました。3回警告しても名前を本名にしなかった場合は、アカウントの停止措置を徹底したことで、信頼性を高めることにつながっています。

- 個人事業主の最大の悩みは、安定的に仕事を受注する仕組みがないこと
- 雇用主にとっては、効率よく労働力を確保する手立てが存在しないことが問題
- 職人はパソコンをあまり利用しないので、ウェブサイトによる雇用サービスはうまくいかない状況

20代から40代の職人は建設業従事者全体の55%ほどを占め、その年代のスマートフォン普及率はパソコンと違って高く、50代のスマートフォン普及率も49%まで上がっていった

プラットフォーム 4　建設業界の職種は70職種以上あるが、助太刀は2020年7月現在81種類の職種を扱う

プラットフォーム 5　アプリの離脱率を減らすため、「居住地」と「職種」の2つの情報入力だけで登録を完了させる

プラットフォーム 6　本名による登録を徹底し、3回警告しても名前を本名にしない場合は、アカウントの停止措置を行うことを徹底し、信頼性を高める

不況に強い

16 助太刀のビジネスメソッド

建設業界の長年の慣習

- 施工管理者が職人を集める際には、過去の現場で知り合った人などを経由し、電話で仕事を発注している。また職人が自分で仕事を探す時も人づてで探すことが多く、旧態依然とした雇用方法
- 重層下請け構造では末端に行けば行くほど取引先が一つしかなく、忙しい時は仕事が集中するが、現場が終わると次の現場まで間が空いてしまう状況が起きる

↓

スマートフォンの普及

↓

助太刀が考え出した建設業界のプラットフォーム

プラットフォーム 1 建設現場と職人をつなぐスマートフォンアプリの「助太刀くん」をリリース

プラットフォーム 2 「助太刀くん」は「建設現場の監督が職人を募集する機能」と、「職人が募集中の案件に応募する機能」という2つの機能を持つ

プラットフォーム 3 使い方は、アプリをダウンロードし、職人が「実名」で「職種」と「居住地」を入力すると、仕事の案件がプッシュ通知で届く。仕事の発注者は、現場ごとの細かい条件を指定して最適な職人に仕事を依頼でき、取引後は自動で電話帳に登録され、メッセンジャーでのやり取りが可能になる

対策 8 働き方支援型

異業種企業が活用したいポイント・オブ・ビュー

①個人で仕事をする人の社会的デメリットを補う事業やサービスの需要が顕在化

働き方改革で、組織に属さずに働くという方法が浮上しています。

まず、近年フリーランスという言葉がよく登場するので、個人事業主（自営業）との区別を共有化しておくことにします。

フリーランスとは単発の仕事ごとに契約を結び、仕事をして報酬を得る働き方の人、あるいは仕事の仕方を意味しています。期間を定めて契約を結び、案件ごとに発注書を受け取り、仕事に着手する人たちです。

例えばＩＴ業界のエンジニアやカメラマン、デザイナー、ライターなどの仕事が該当します。会社や勤務時間に拘束されず、自分の得意分野を生かして仕事ができるのが特徴です。

一方、個人事業主（自営業）は企業に属さず、個人で事業を営んでいる人を指します。個人事業主と自営業は基本的には同じで、税務上の所得区分の言い方として個人事業主と呼んでいるにすぎません。例えばレストランなどの飲食店、ヘアサロン、生花店、建築など多様な分野に事業主がいます。

●アメリカでは3人に1人がフリーランスによる働き方を選択

日本の先行指標となるアメリカでは、フリーランスの人口は５７００万人と、アメリカの労働力の35％を占め、２０１４年から２０１９年までに４００万人増加しています。すでにアメリカ人の３人に１人以上がフリーランスを選択しています。

フリーランサーの職種として多いのは「プログラミング」「マーケティング」「ＩＴ」「ビジネスコンサルティング」の専門家などが全体の45％を占めます。その後に専門スキルを必要としない「犬の散歩、ライドシェアリング、個人タスク」「販売（eBayやAirbnb）」「その他アクティビティ」が続いています。

アメリカのフリーランスは、専門性を備えた人が半数近くを占めており、後述する日本の実態とは大きな違いがあります。

●日本の個人事業主の実態

総務省統計局の「労働力調査（詳細集計）２０１９年（令和元年）平均（速報）」によると２０１９年の平均雇用者数は５６００万人（役員を除く）でそのうち正規の職員・従業員数は３４９４万人。非正規の職員・従業員数は２１６５万人です。

また小規模事業者は、企業数３２５万２０００社、従業員数１１２７万人（「平成26年経済センサス　基礎調査」再編加工）です。

ランサーズが実施した「フリーランス実態調査２０２０」から日本のフリーランスの実態を見ると、日本では常時雇用されていて副業として仕事を受けている副業系隙間ワーカーが４０９万人（平均年収63万円）で全体の40％を占めています。

雇用形態に関係なく2社以上の企業と契約ベースで仕事をする複業系パラレルワーカーが281万人（この仕事だけで生活しているのは11％で、17％は年収400万円以上ある）で全体の27％を占めます。

特定の勤務先はなく独立したプロフェッショナルの自由業系フリーワーカーが56万人（この仕事だけで生活しているのは42％で、14％は年収400万円以上ある）で全体の5％を占めています。

そして個人事業主とひとりで法人を経営しているオーナーなど自営業系独立オーナーが289万人（この仕事だけで生活しているのは64％で、37％は年収400万円以上ある）で全体の28％となっています。

この数字で見る限り、日本でフリーランスと呼ばれる働き方は、本業とは別に副業を行う人が40％もおり、アメリカとは大きく異なっています。

日本でも転職が一般化し、副業が解禁され、並行して企業の人員削減や定年後の再就職といった状況を考えると、フリーランスや個人事業主という働き方では、アメリカと同様に専門性を売り物にする人材が将来増える可能性があります。

◉フリーランスや個人事業主が直面する問題を支援する事業の潜在力

日本では企業に勤める給与所得者は法律で守られており、全てが自己責任となる個人事業主やフリーランスになった場合、働く側の人間が高い意識と自主性を持ってジョブ型雇用に転換することが必要になります。

その時、「職務記述書（ジョブディスクリプション）」やLinkedInなどのビジネスSNSに記載できるビジネススキルや資格などが必要になりますが、こうした時には個人事業主やフリーランス向けの教育機関や支援制度が必要になってきます。

日本では個人事業主やフリーランスは住宅や車のローンが容易に組めない場合や、クレジットカードがつくれないことがあるなど、「法人」や「正社員」と比べ、不利な扱いを受けることがあります。

そのため前述したタニタでは、独立した個人事業主が加入できる「タニタ共栄会」という相互扶助の団体を設立し、共栄会がリース契約の主体となり会員にサブリースや住宅ローンの保証などができないかを模索しています。

日本でも専門性を売り物にするフリーランスや個人事業主が増えていくなら、彼らを支援する金融や保険、ヘルスケア、教育といったサービスや事業が登場してくるはずです。

②専門分野別に仕事を提供するプラットフォーム需要が拡大

企業の正社員から、個人事業主やフリーランスに転向した人にとって最大の課題は、顧客の開拓です。現状の方法としては、これまで築いてきた人的つながりに頼るか、SNSを使って自身の仕事の力をアピールする程度しかありませんでした。

そこにデザインやデータ入力、ライティングなどさまざまなジャンルの仕事を扱うクラウドソーシングが登場したことで、利用する人が出てきています。代表的な事業者としてはクラウドワークスやランサーズなどです。

しかし高度な専門性と実績を備えていないと、クラウドソーシングのような外部サービスを利用しても、報酬単価が低くなる事態が起きます。受注を増やしたい多くの人たちは報酬を下げてエントリーし、また依頼主も安価な人材を選ぶことが増えるからです。

こうした事態を防ぐには、発注者と受注者双方に評価システムが必要になります。

クラウドソーシングの他に、フリーランス向けの仕事を紹介するフリーランスエージェントと呼ばれるサービスを提供する企業が出てきています。ＩＴ系エンジニアやデザイナー・クリエイターを専門にするレバテック、ＩＴ系エンジニア向けギークスジョブなどです。

こうした支援事業者は、契約書作成などの契約面をサポートして自分では開拓できない分野の仕事を紹介する場合もあり、実績と人脈づくりにつながることもあります。

個人事業主やフリーランスはその立場が弱くなることが多いので、専門分野ごとに能力に応じた仕事と報酬を選択できるマッチングシステムの需要は膨らむでしょう。また前述したように求職者と依頼主の双方による評価制度をシステムとして組み込むことも欠かせなくなると思います。

参考資料

『社員が個人事業主に　タニタの改革が合理化でない理由　タニタ流「働き方改革」（1）』
ニュースクール　２０１９年10月８日
https://style.nikkei.com/article/DGXMZO50531260T01C19A0000000?channel=DF130420167231

『[働き方レポート]「タニタの働き方革命」に学ぶ会社に縛られない働き方とは?』
https://career.joi.media/workstyle/2019/12/27/16507/

『デキる社員はフリーランスで　タニタ式「働き方革命」　タニタ　谷田千里社長（上）』
私のリーダー論　２０１９年７月25日
https://style.nikkei.com/article/DGXMZO47493000Y9A710C1000000?channel=DF041220173308&nra&page=3

『社員を個人事業主化したタニタの真意　揺れ動く、働き方改革』
Wedge REPORT　２０１９年10月16日
https://wedge.ismedia.jp/articles/-/17600?page=2

『建築現場に大きな改革をもたらす助太刀。我妻陽一の〝先見の明〟』
起業ログ　２０１９年11月１日
https://kigyolog.com/interview.php?id=84

『建設業の『人』の１００%有効活用めざす——職人の手配アプリ「助太刀くん」が５０００万円調達』
TechCrunch Japan　２０１７年８月21日
https://jp.techcrunch.com/2017/08/21/tokyo-rocket-1st-fundrasing/

『職人と現場をマッチング、勤怠管理も　助太刀くん』
日経ＸＴＥＣＨ　２０１８年３月６日
https://xtech.nikkei.com/atcl/nxt/column/18/00121/00013/

『助太刀、建設業の人材採用をアプリで支援』
日本経済新聞　２０２０年７月２日
https://www.nikkei.com/article/DGXMZO61057900S0A700C2XY0000/

『工事代金もキャッシュレスで　助太刀が対応』
日本経済新聞　２０１９年１月11日
https://www.nikkei.com/article/DGXMZO39900290R10C19A1XY0000/?fbclid=IwAR1IgPp6nPBBDVWwKzEyhIMHx2jcTOCCrE6QqhUxAHsrgMucYgdLVpIXKrs

『助太刀』https://suke-dachi.jp

『Up work　Freelancing in America 2019』
https://www.upwork.com/i/freelancing-in-america/2019/
https://www.upwork.com/press/2019/10/03/freelancing-in-america-2019/

『Freelancing in America 2019』
https://www.upwork.com/i/freelancing-in-america/2019/

8つのパターンから浮かび上がる、これから必要な8つの対応策

ここまでに抽出した8つのパターンとポイント・オブ・ビューを俯瞰し、さらにそこから浮かび上がる対応策をまとめると、次の8点が浮上してきます。

ここで明らかになるのは、景気後退への対症療法的視点や方法論でなく、パンデミックによって旧来の仕組みが破壊され、新たなビジネスモデルづくりが必要になっていることです。また、どの企業も新たな経済構造の枠組みの中で、自社の事業モデルの刷新を加速させることが求められています。

①デジタルトランスフォーメーション（DX）を加速させる

DXは、「企業がビジネス環境の激しい変化に対応し、データとデジタル技術を活用して、顧客や社会のニーズを基に、製品やサービス、ビジネスモデルを変革するとともに、業務そのものや、組織、プロセス、企業文化・風土を変革し、競争上の優位性を確

立する」という取り組みです。

パソコンを入れ替えたりネット環境を整備したりするといった従来の設備投資発想でなく、企業はデジタル時代にふさわしく進化していくことが欠かせないことを、今回のパンデミックは我々に突き付けました。

今後ビジネス環境はリモートワークを選択肢に加え、オフィスの在り方から通勤・出張という習慣、そして移動手段まで、過去にはなかった変容が訪れる可能性があります。企業とそこに働く人たちが従来の慣行に縛られず、いかに変革に取り組めるかによって、企業が飛躍できるかどうかが決まります。中堅中小企業も含めて、DXの取り組みを加速させることは、避けては通れないでしょう。

②明日の需要を自ら創造し、提供する価値を磨き上げる

顕在需要に甘んじてきた企業や、生活者に提供している価値が劣化している企業ほど、不況期には大きな打撃を受けてしまいます。ビジネスモデルが20世紀にでき上がり、その後変革していない業界や企業がその典型です。既得権益による恩恵や顕在需要の受け

皿でなく、新規需要を掘り起こして、自社が提供する価値を再定義し、この機会に磨き上げるように急いで取り組むことです。

時間を要する事業モデルの再構築と並行して、事例に登場したＪＲ東海（東海旅客鉄道）の「そうだ京都、行こう。」やケンタッキーフライドチキン（日本ＫＦＣホールディングス）の「今日、ケンタッキーにしない？」のような需要創造プロモーションにも取り組んでください。

③キャッシュ・コンバージョン・サイクル（CCC）を徹底的に短縮する

原材料や商品を仕入れ、販売してから代金が入手できるまでの日数が短ければ、現金を早く回収でき、手元資金は増えます。Costco や Amazon のようにモノを販売する前にキャッシュを手にできる会員制度や、ネット上に多くの企業が求めるビジネスプラットフォームをつくり、そこから安定した収益を上げるなど、新たな課金方法も視野に入れ、ＣＣＣを徹底的に短縮化する方法を検討しましょう。

④製造業はその強みを生かし、今後需要が膨らむ市場と商品を再定義する

生活必需品の需要は不況期にも安定していますが、競争が激しく価格競争に巻き込まれることが多いジャンルです。リモートワークで在宅率が向上すると、メイクアップ化粧品やビジネスシーンのアパレルなどに代表される〝見栄え〟需要は減少する可能性が出てきます。

新たな感染症対策やリモートワークによる新規需要を想定すると、過去には存在しなかった市場が出現してきます。今後製造業は自社の強みを生かし、安定した価格で供給できる新規事業領域の特定に取り組むことが欠かせなくなります。

特に衛生概念に敏感になる生活習慣が定着すると、消毒剤・除菌剤・洗浄剤・ウイルス除去製品などは暮らしの新たな常備品になってくるでしょう。この場合、他社に対して優位性を発揮するブランド力の向上策も必要になります。

特定国や特定エリアに依存しないサプライチェーンの構築を当初から念頭に入れて行動することも欠かせません。新型コロナウイルスの終息が長引けば、新興国に工場をつくるリスクが表面化してきます。「安価にモノをつくり、安価に販売する」という過去の成功セオリーだけでは、今後製造業の経営は成り立たなくなるでしょう。

新たな感染症が再び出現すれば、サプライチェーンの問題が再燃するのは目に見えています。日本製品の優位性を発揮できるビジネスを展開できるように取り組んでください。

⑤ゲームチェンジャーになるか、ゲームチェンジャーと協働する

過去の景気後退と異なり今回の社会構造変化は、元には戻らない状況がいくつも生まれます。リモートワークによる仕事の取り組み方、オフィス概念の変質、広告主と視聴者の地上波テレビ離れ、神経質なほどの衛生概念と生活習慣、ネット通販の恒常化など、その構造変化の予兆は数多く出現しています。

ビジネスの前提が変われば、これまで台頭していた勢力から新興勢力に市場はシフトしていきます。こうした時には、いち早く自社がゲームチェンジャーになるか、ゲームチェンジャーとの連携を強化する必要が増してきます。過去にしがみつかない企業が、先駆者になるのです。

Walmart が Bonobos を買収した目的が、Bonobos 側は Walmart の規模とその資源の恩恵を受けることができ、Walmart 側はデジタルブランドの構築方法と、eコマース事業を大きくするために必要なノウハウを学ぶことにあった背景を再認識してください。

⑥社会貢献性を念頭に入れて行動する

今回のパンデミックでは、感染拡大の防止や医療機関への支援を行った企業がある一方、自粛要請を無視して営業を続けた業界や便乗値上げを行った企業を、生活者は絶対に忘れません。過去の震災や自然災害でも、こうした心ない対応をした企業や人は、結果として制裁を受けました。国難の時こそ、事業を通じて社会に貢献することを再認識しましょう。

飲食業が運転代行企業とタイアップし、テイクアウトや宅配の配送に協力するといった取り組みが地方から現れました。異業種他社と互いに協働し、社会に貢献しながら収益を向上する手立てがないかを探り、可能な事業から実践していきましょう。

⑦規制緩和を想定して、行動を起こす

今回、時限的・特例的ではあっても、電話やオンラインによる診療が認められ、タクシー事業者の食品配送が可能になり、飲食店へは料理店等期限付酒類小売業免許の付与により最大6カ月間は酒類のテイクアウト販売が可能になりました。

今回、助成金や補助金の申請と手続き業務に時間と手間が掛かり過ぎた反省から、国や自治体はシステム化による迅速な対応が、急務になります。規制に縛られた業界や制度は、この機会に見直される可能性があります。自社のビジネスとの親和性を探りながら、先を見て行動を起こし、新たな市場をキャッチアップしてください。

⑧時間と距離に制約があった既存ビジネスを、新たなビジネスモデルとして刷新する

- 毎日会社に出掛け、そこで仕事をする
- 通勤できるエリアに暮らす
- 混雑する通勤電車を利用する

- 大都市圏に人と仕事が集中する
- 子育て中の女性が仕事を継続できる環境にない
- 企業はオフィスを借りて家賃を払い、社員の交通費や出張費を負担する
- 社員が会場に集まって研修を受ける

従来当然視されてきたこれらの慣行や仕組みが、今回見直される機会になりました。時間と距離に制約のあった旧来ビジネスは刷新され、新たなビジネスモデルが登場してくるはずです。

海外も含めて広域から人材を募集し、リモートワークによる雇用も始まります。また雇用形態は、正規雇用からフリーランスへの業務委託契約まで、幅広い選択肢の中から労使双方が最善の働き方を決める取り組みも始まるでしょう。

変化を恐れるのではなく、自ら変化を起こし、時代の先駆けとなって社会に貢献してほしいと思います。

おわりに

今回のコロナパンデミックは、企業や人の本質をあぶり出したように思います。

メディアには社会への批判、政権への批判、他人への批判、さらに営業自粛によって収入の道を絶たれた人たちの不満の声が溢れました。その一方、トイレットペーパーやマスク、消毒液、インスタントラーメンまでもが品不足になり、Amazon やメルカリでは便乗商法の販売者が多数現れました。

命を懸けて仕事に従事してくれている医療関係者や物流を担うドライバーなどに対して、心ない言葉や差別が一部で表面化したのは残念でなりません。

人は恐怖心を抱くとネガティブな発想に支配され、批判する相手を探し、攻撃してしまうことがあるようです。

こうした中、心ある企業は社会を支援するため、自社の領域ではない商品を手掛けるために製造ラインを見直し、すぐさま世の中に供給して、製造業の強みを発揮しました。

営業自粛で困窮しているにもかかわらず、医療関係者のために温かい食事を差し入れる飲食店事業主が現れました。

在来線の車両内に抗ウイルス加工を施して、生活者が移動する際の感染リスクを軽減した鉄道会社も登場しました。

巨額な費用と準備期間を要するにもかかわらず、病んだ日本を癒やすために、ネット上から無料で視聴できるようにしたオペラ製作者たちの支援もありました。

収入が途絶えた中にあっても社員を解雇せず、雇用を守った経営者たちがいたことは、働く人たちに何よりも力を与えました。

目先の利に惑わされず、中長期的視野に立って、人と社会が求める価値を提供すれば、その存在が淘汰されることはありません。たとえ一時はダメージを受けたとしても、その復活を望み、その事業継続を願う人たちから支援の輪は広がっていくからです。

パンデミックを契機として、これから始まる新たな旅路のために、私たちはその旅支度をする時がやってきました。

本書がこれから始まる新たな時代のナビゲーターになれたら、著者としてこれ以上に嬉しいことはありません。

本書を刊行するにあたり、本企画と執筆の機会を与えて下さったプレジデント社の濱村眞哉さんにはこの場を借りて心より御礼申し上げます。

マーケティングコンサルタント　酒井 光雄

酒井光雄（さかい・みつお）

マーケティングコンサルタント

学習院大学法学部卒業。事業経営の本質は「これまで存在していなかった新たな価値を生み出し、社会に認めてもらう活動」であると提唱。

価値の低いものはいつの時代も、必ず価格競争に巻き込まれ、淘汰されていくとして、一貫して企業と商品の「価値づくり」を支援している。

日本経済新聞社が実施した「経営コンサルタント調査」で、「企業に最も評価されるコンサルタント会社ベスト20」に選ばれた実績を持つ。

また日経BP社が主催する「日経BP Marketing Awards」の審査委員を長年務めている。

著書・編著・監修に『デジタル時代のマーケティング・エクササイズ』（プレジデント社）、『全史×成功事例で読む「マーケティング」大全』『成功事例に学ぶマーケティング戦略の教科書』（共にかんき出版）、『コトラーを読む』『商品よりも、ニュースを売れ! 情報連鎖を生み出すマーケティング』（共に日本経済新聞出版社）、『価値づくり進化経営』『中小企業が強いブランド力を持つ経営』『価格の決定権を持つ経営』（共に日本経営合理化協会出版局）、『男の居場所』『図解&事例で学ぶマーケティングの教科書』『まんがで覚えるマーケティングの基本』（共にマイナビ出版）など多数。

不況を乗り切るマーケティング図鑑
成功企業16社でわかるサバイバル・マニュアル

2020年10月31日　第1刷発行

著者	酒井光雄
発行者	長坂嘉昭
発行所	株式会社プレジデント社 〒102-8641　東京都千代田区平河町2-16-1 平河町森タワー13F 電話　編集03-3237-3737 販売03-3237-3731
編集	濱村眞哉
販売	桂木栄一　高橋 徹　川井田美景　森田 巌　末吉秀樹
装丁	三森健太（JUNGLE）
本文デザイン・DTP	高橋明香
イラスト	鹿又きょうこ
制作	小池 哉
印刷・製本	株式会社ダイヤモンド・グラフィック社

ISBN978-4-8334-5159-8　Printed in Japan